陳攖寧 著
蒲團子 編

陳攖寧文集・六

秋日中天
地元正道
三種金蓮

心一堂

書名：**陳攖寧文集 六** 秋日中天、地元正道、三種金蓮
作者：陳攖寧
編者：蒲團子
責任編輯：陳劍聰
出版：**心一堂有限公司**
通訊地址：香港九龍旺角彌敦道610號荷李活商業中心十八樓05-06室
深港讀者服務中心：深圳市羅湖區立新路六號羅湖商業大厦負一層008室
電話號碼：(852)90277110
網址：publish.sunyata.cc
電郵：sunyatabook@gmail.com
網店：http://book.sunyata.cc
淘寶店地址：https://shop210782774.taobao.com
微店地址：https://weidian.com/s/1212826297
臉書：https://www.facebook.com/sunyatabook
讀者論壇：http://bbs.sunyata.cc
版次：二〇二〇年九月初版
平裝
定價：港　幣 二百五十八元正
人民幣 一百八十元正
新臺幣 九百九十八元正
國際書號：ISBN 978-988-8583-46-1

香港發行：**香港聯合書刊物流有限公司**
地址：香港新界大埔汀麗路三十六號中華商務印刷大厦三樓
電話號碼：(852)2150-2100
傳真號碼：(852)2407-3062
電郵：info@suplogistics.com.hk
臺灣發行：**秀威資訊科技股份有限公司**
地址：臺灣臺北市內湖區瑞光路七十六巷六十五號一樓
電話號碼：+886-2-2796-3638
傳真號碼：+886-2-2796-1377
網絡書店：www.bodbooks.com.tw
臺灣秀威書店讀者服務中心
地址：臺灣臺北市中山區松江路二〇九號一樓
電話號碼：+886-2-2518-0207
傳真號碼：+886-2-2518-0778
網絡書店：www.govbooks.com.tw
中國大陸發行 零售：**深圳心一堂文化傳播有限公司**
地址：深圳羅湖區立新路六號羅湖商業大厦負一層008室
電話號碼：(86)0755-82224934

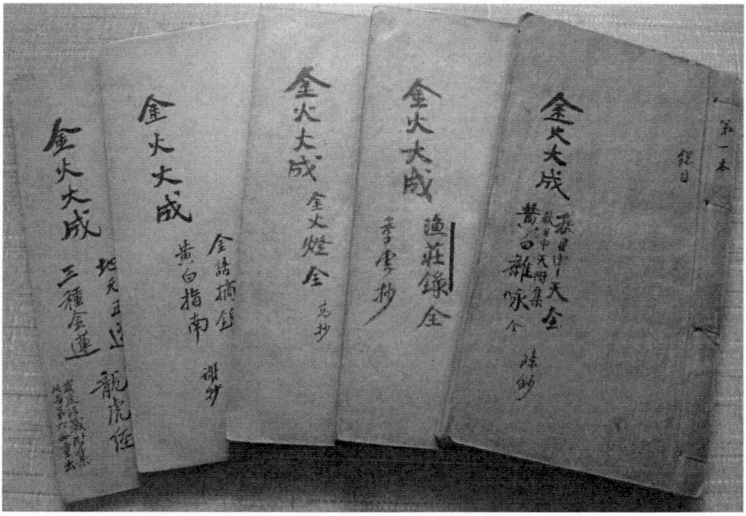

陳攖寧先生等選抄本金火大成書影

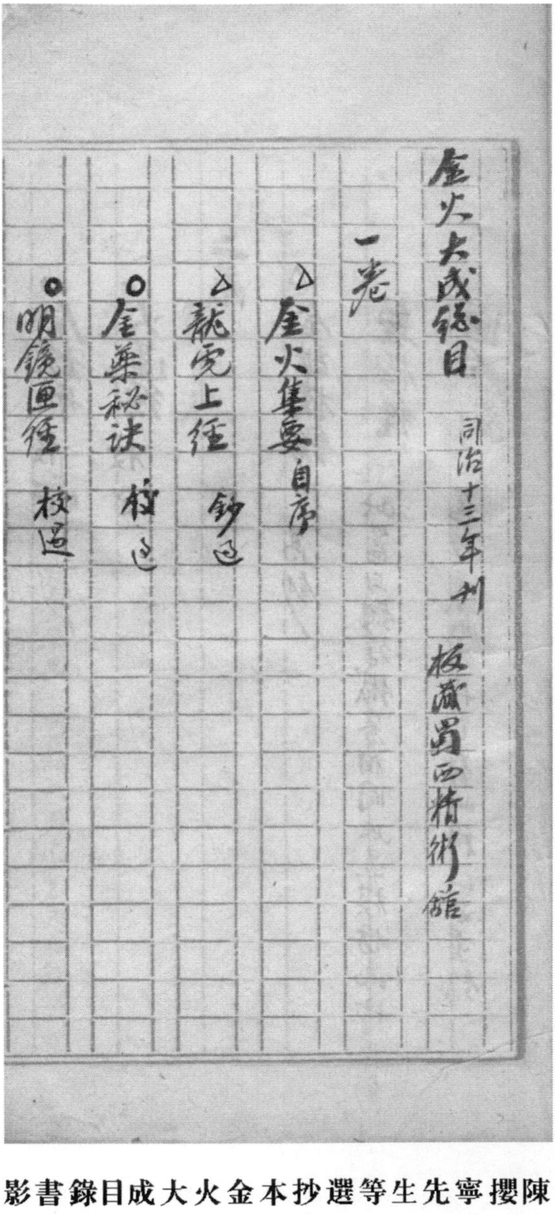

金火大成錄目　同治十三年刊　板藏蜀西精術館

一卷

陳攖寧先生等選抄本金火大成目錄書影

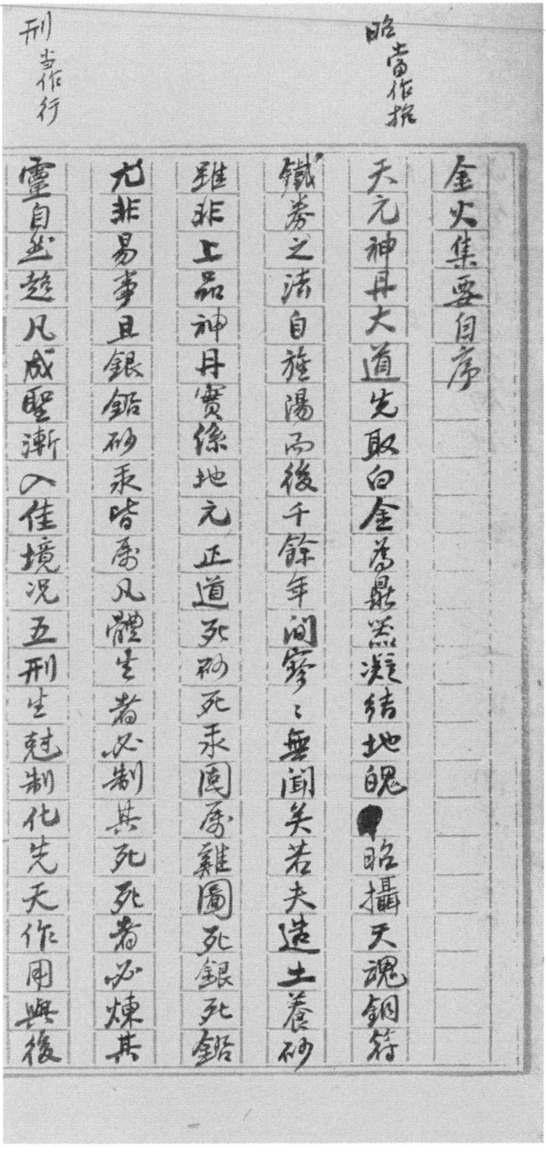

略當作拔

刑當作行

金火集要自序

天元神丹大道先取白金為鼎烹凝結地魄[illegible]略攝天魂銅符鐵券之法自旌湯而後千餘年間寥寥無聞矣若夫造土蒼砂雖非上品神丹實係地元正道死砂死汞圓房難圓死銀死鉛尤非易事且銀鉛砂汞皆屬凡體生者必制其死死者必煉其靈自然超凡成聖漸入佳境況五刑生尅制化先天作用與後

陳攖寧先生等選抄本金火大成李保乾自序書影

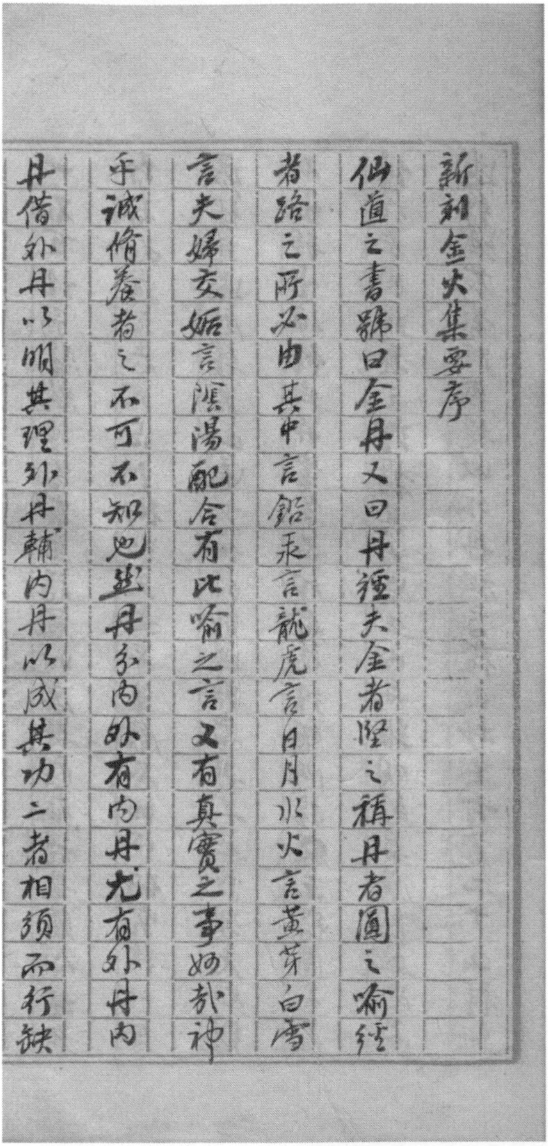
新刻金火集要序
仙道之書號曰金丹又曰丹經夫金者堅之稱丹者圓之喻經
者路之所必由其中言鉛汞言龍虎言日月水火言黃芽白雪
言夫婦交姤言陰陽配合有比喻之言又有真實之事如說神
乎誠修養者之不可不知也然丹分內外有內丹尤有外丹內
丹借外丹以明其理外丹輔內丹以成其功二者相須而行缺

陳攖寧先生等選抄本金火大成就正子序書影

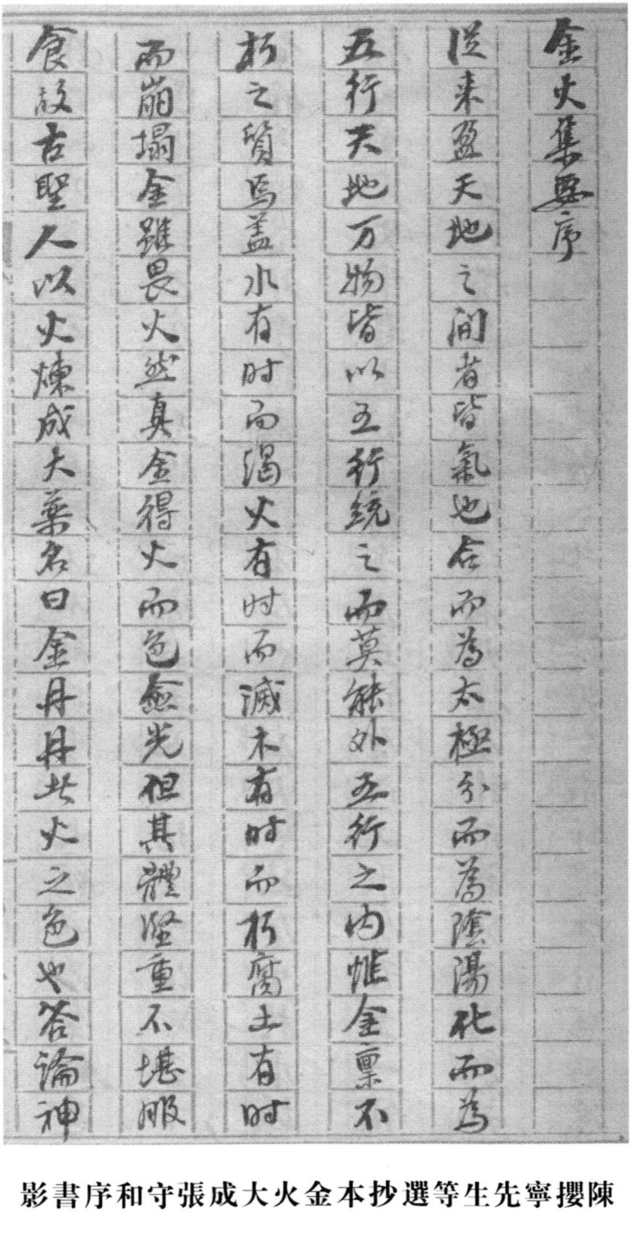

金火集要序

從来盈天地之間者皆氣也合而為太極分而為陰陽化而為五行天地万物皆以五行統之而莫能外五行之内惟金稟不朽之質焉蓋水有時而渴火有時而滅木有時而朽土有時而崩塌金雖畏火然真金得火而色愈光但其體堅重不堪服食故古聖人以火煉成大藥名曰金丹丹者火之色也咎論神

陳攖寧先生等選抄本金火大成張守和序書影

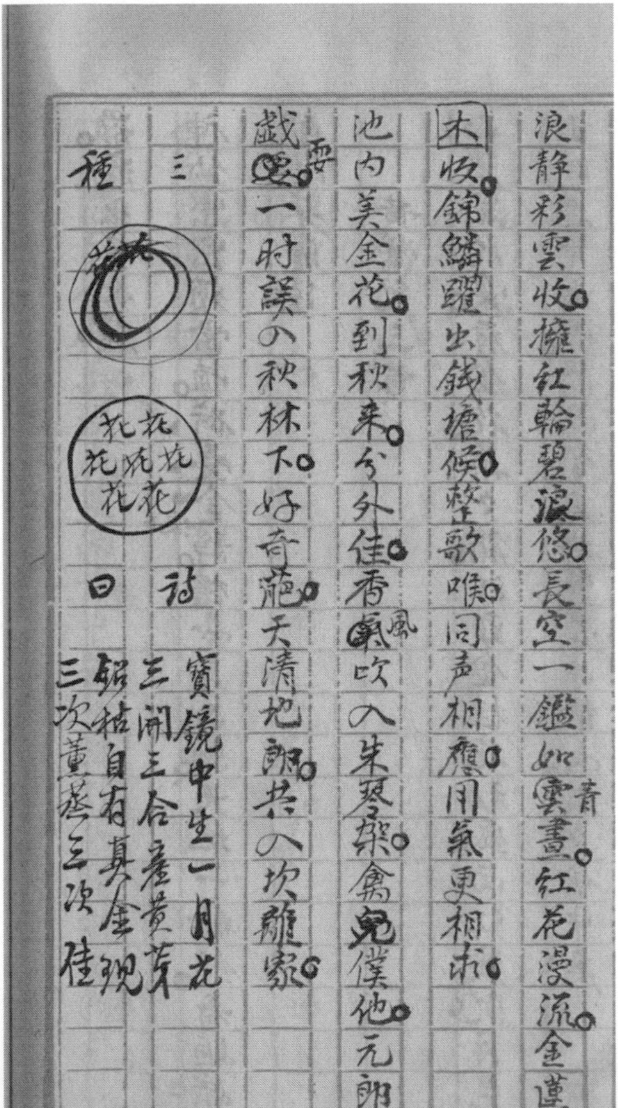

浪靜彩雲收。擁紅輪碧浪悠。長空一鑑如雲青畫。紅花浸流金蓮

木收。錦鱗躍出錢塘候。整歌喉。同声相應。同氣更相求。

池內美金花。到秋來。兮外佳。香風吹入朱琴樂。禽兒僕他。元郎

戲要。一時誤の秋林下。好奇葩。天清地朗。共入坎離家。

三種

詩曰

寶鏡中生一月花

三闹三合產黃芽

鉛枯自有真金現

三次薰蒸三次佳

陳攖寧先生等選抄本金火大成三種金蓮書影

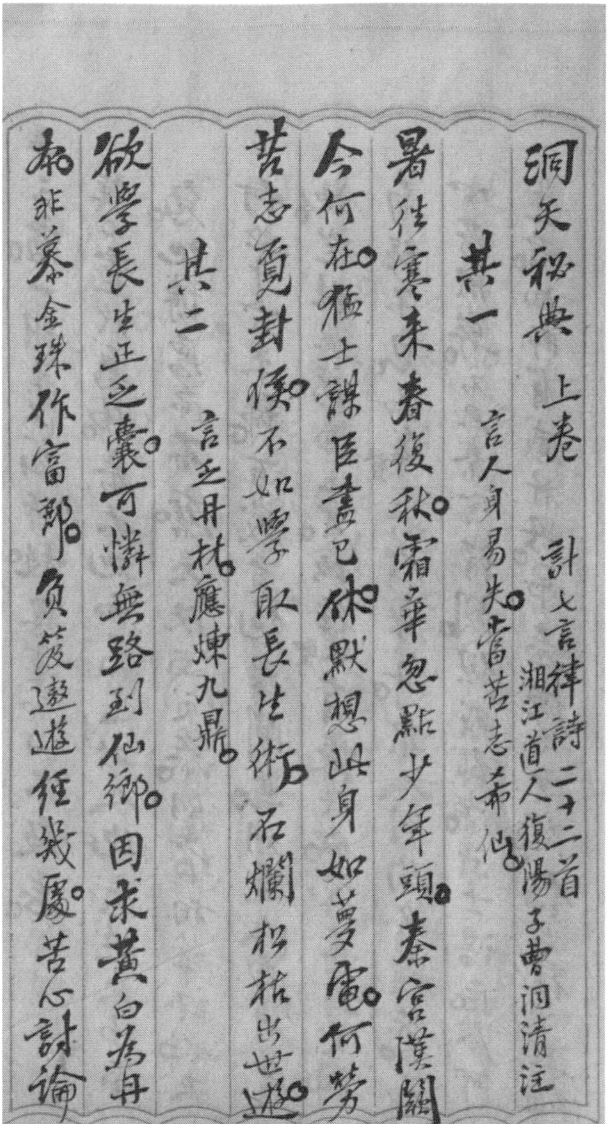
洞天秘典 上卷 計七言律詩二十二首 湘江道人復陽子曹洞清注

其一 言人身易失，當苦志希仙。

暑往寒來春復秋。霜華忽點少年頭。秦宮漢闕今何在。猛士謀臣盡已休。默想此身如夢電。何勞苦志覓封侯。不如學取長生術。石爛松枯出世遊。

其二 言丢丹材，應煉九鼎。

欲學長生正道囊。可憐無路到仙鄉。因求黃白為丹本。非慕金珠作富郎。負笈遨遊經幾處。苦心討論

陳攖寧先生抄本洞天秘典書影

我度法藏上卷

淡仙無味子重錄增删

制鉛訣

黑鉛乃是先天神水生鴻濛太極之先與天地同分乾坤共判中含五彩內蓄三陽為金丹之祖氣作鉛化之樞機兩儀四象不缺乃作五金之庫五行八卦俱全是為八寶之根丹士若能採得真一之金何慙大地不成乾健之寶惜乎世俗採煉煎熬捨庚取辛以致真炁耗折元陽不

陳攖寧先生等選抄本金火大成我度法藏書影

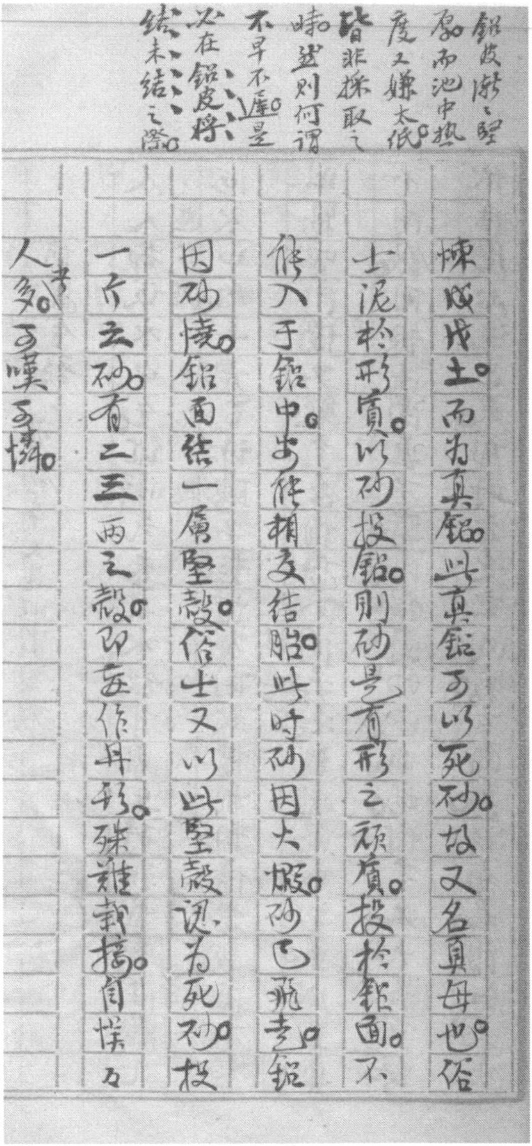
鉛皮嫩嫩、堅
實。而池中熱
度又嫌太低。
皆非採取之
時。然則何謂
不早不遲。是
必在鉛皮將
結未結之際。

煉成戊土。而為真鉛。此真鉛可以死砂。故又名真母也。俗
士泥於形質。以砂投鉛。則砂是有形之頑質。投於鉛面。不
能入于鉛中。安能相交結胎。此時砂因火煅。砂已飛去。鉛
因砂燒。鉛面結一層堅殼。俗士又以此堅殼認為死砂。投
一斤五砂。有二三兩之殼。即妄作丹頭。殊難執搞。自悮又
人者多。可嘆可憐。

陳攖寧先生頂批外丹抄本書影一

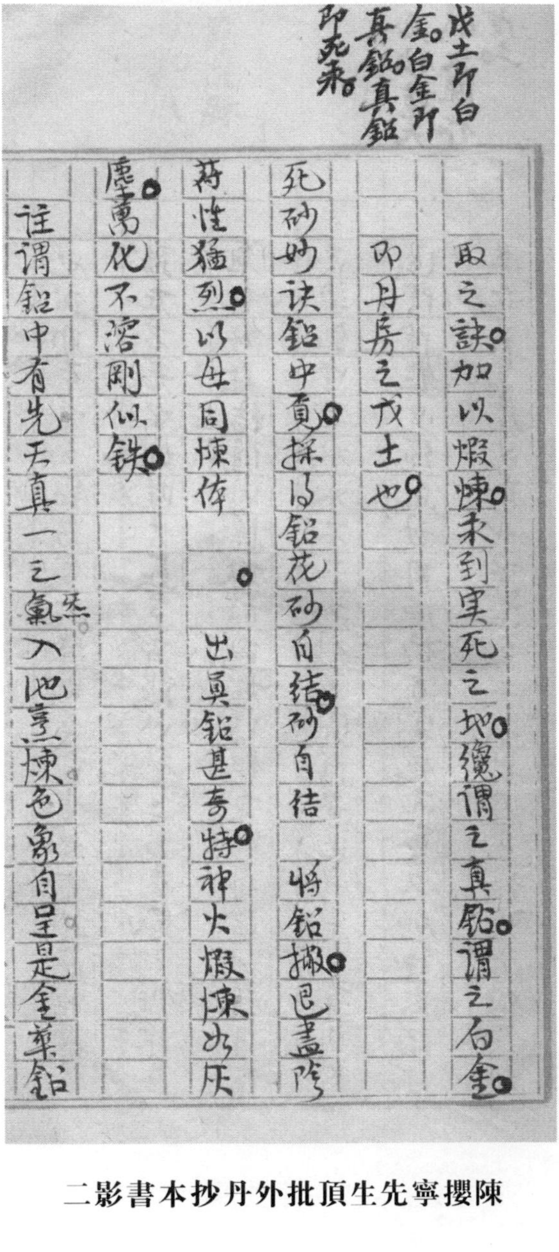
戊土即白金。白金即真鉛。真鉛即死汞。

取之訣。加以煅煉。汞到實死之地。纔謂之真鉛。謂之白金。

即丹房之戊土也。

死砂妙訣鉛中覓。採得鉛花砂自結。砂自結　將鉛搬。退盡陰

其性猛烈。以母同煉作。　出真鉛甚奇特。神火煅煉如灰

塵。萬化不溶。剛似鐵。

註謂鉛中有先天真一之氣。來入池烹煉。色象自呈。是金華鉛

陳攖寧先生頂批外丹抄本書影二

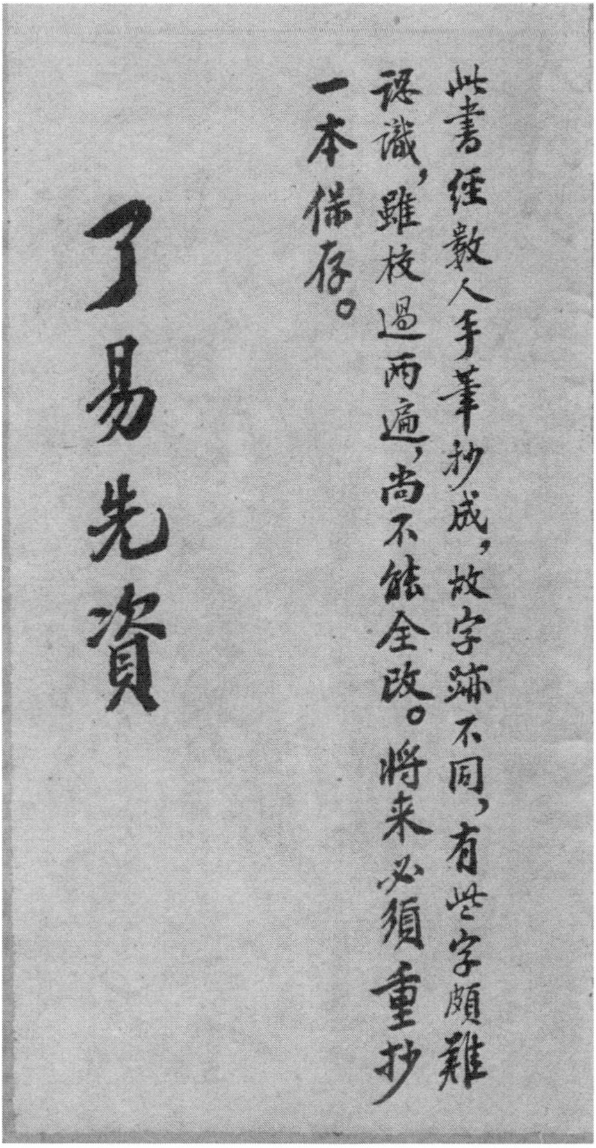
此書係數人手筆抄成，故字跡不同，有些字頗難認識，雖校過兩遍，尚不能全改。將來必須重抄一本保存。

了易先資

陳攖寧先生等抄本了易先資書影

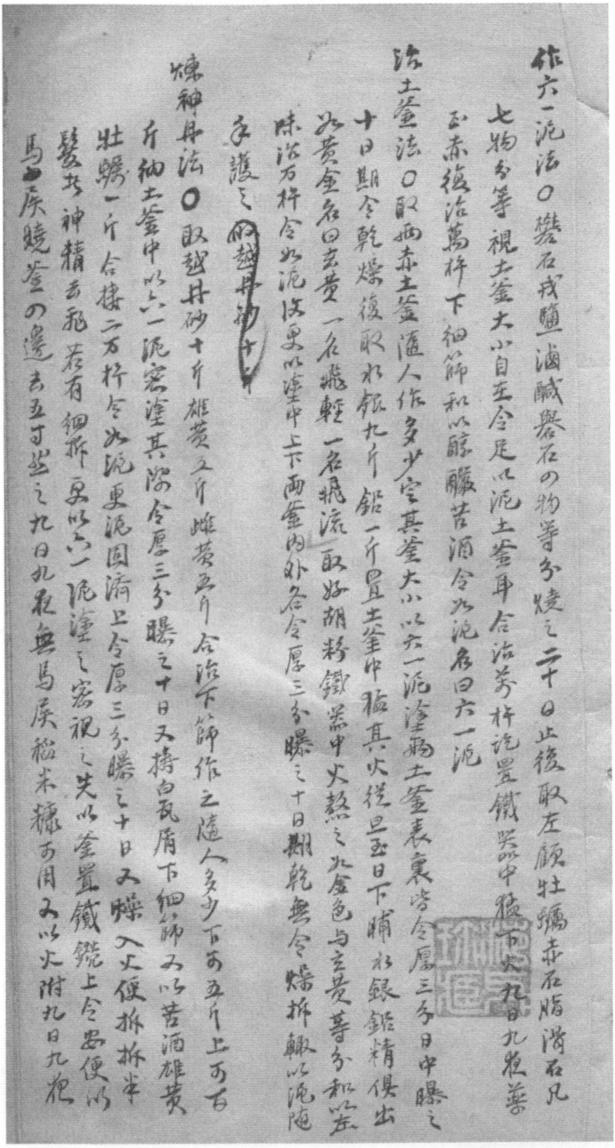
作六一泥法○礬石戎鹽滷鹹礜石四物等分燒之二十日止後取左顧牡蠣赤石脂滑石凡
七物分等視土釜大小自在令足以泥土釜耳合治萬杵泥置鐵器中猛火九日九夜華
色赤復治萬杵下細篩和以醇醯苦酒令如泥名曰六一泥
治土釜法○取兩赤土釜隨人作多少宜其釜大小以六一泥塗兩土釜表裏皆令厚三分日中曝之
十日期令乾燥復取水銀九斤鉛一斤置土釜中猛其火從旦至日下晡水銀鉛精俱出
如黃金名曰玄黃一名飛輕一名飛流取好胡粉鐵器中火熬之如金色与玄黃等分和以岩
味治萬杵令如泥復更以塗中上下兩釜內外各令厚三分曝之十日期乾無令燥拆輒以泥隨
手護之（兩越丹砂十斤）
煉神丹法○取越丹砂十斤雄黃五斤雌黃五斤合治下篩作之隨人多少下可五斤上可百
斤納土釜中以六一泥密塗其際令厚三分曝之十日又搗白瓦屑下細篩以苦酒雄黃
牡蠣一斤合搗二萬杵令如泥更泥固濟上令厚三分曝之十日又燥入火便拆拆半
髮者神精去飛若有細拆更以六一泥塗之密視之先以釜置鐵鏡上令安便以
馬●屎燒釜四邊去五寸然之九日九夜無馬屎秕米糠亦用之以火附九日九夜

陳攖寧先生抄本外丹經彙錄書影

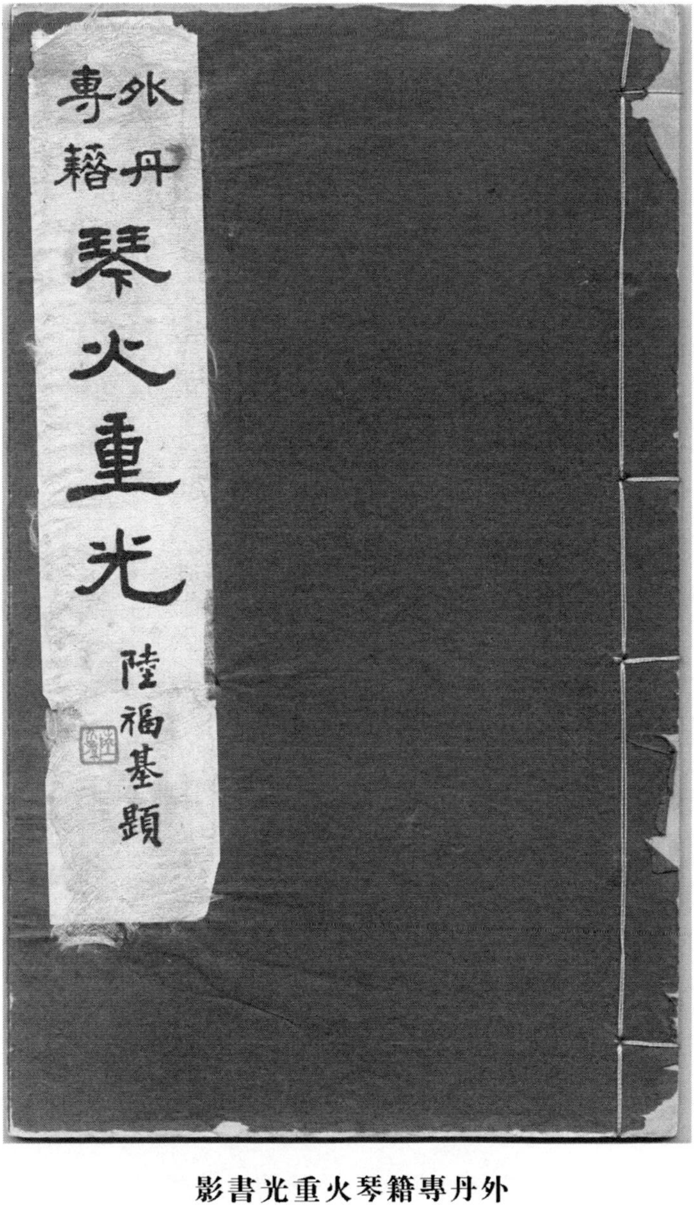

外丹專籍琴火重光書影

雲笈七籤、第一百卷、軒轅本紀云。黃帝採首山之銅，鑄九鼎於荊山之下。
鍊九鼎丹服之。逮至鍊丹成後。以法傳於玄子。此道至重。盟以誠之。
雲笈七籤宋朝張君房所編輯、共一百二十卷。
藝文類聚、靈異部、引漢劉向列仙傳云。淮南王劉安言神仙黃白之事。名為鴻
寶萬畢、三卷。論變化之道。於是八公乃詣王授丹經及三十六水方。俗傳安之仙去。
餘藥在庭中。雞犬舐之。皆得飛昇。
藝文類聚、唐朝歐陽詢等奉勅撰、共一百卷、
神仙傳云。魏伯陽者、吳人也。與弟子三人入山作神丹。丹成。知弟子心懷未盡（即尚有塵
俗之念）乃試之曰。丹雖成。宜先與犬試服之。犬飛然後人可服。若犬死即不可服。乃與犬
食之。犬即死。伯陽謂弟子曰。作丹唯恐不成。今既成。而犬食之死。為之奈何。弟子曰。
先生當服之否。伯陽曰。吾背違世路。委家入山。不得道。亦恥還家。不論死生。吾當
服之。遂服丹。入口即死。弟子顧視相謂曰。作丹所以求長生。服之即死。奈何。獨
一弟子曰。吾師非常人也。服此而死。得無有意耶。（言故意如此）因乃取丹服之。亦死。
餘二弟子相謂曰。服丹所以求長生。服之既死。焉用此為。不服此藥。尚可得數十歲
在世間。遂不服。乃共出山。欲為伯陽及死弟子求棺木。二弟子去後。伯陽即起。將
所服丹內死弟子及犬口中。皆起。（弟子姓虞）皆仙去。道逢入山伐木人。乃作手書寄謝二弟
子。弟子乃始懊恨。伯陽作參同契五行相類。凡三卷。其說似解釋周易。其實
乃借爻象以論作丹之意。而世之儒者不知神丹之事。多作陰陽注之。失其旨矣。
神仙傳。晉朝抱朴子葛洪所作。魏伯陽乃後漢人。晉朝距漢朝不遠。其言
當可信。魏伯陽原籍。浙江省上虞。

陳攖寧先生著外丹服食成仙考證書影

陳攖寧文集·六　目錄

外丹經典卷上

一〇

外丹經典卷

上

祝雲鶴　著
湯若望　註
陳攖寧　抄

秋日中天

秋日中天序

「秋」之爲言金也；「日」之爲言火也；「中」則取義於土；「天」則法象於乾。蓋「秋日中天」，乃爐火之妙用，莫非金火施爲。金藏於坎，坎納六戊；火藏於離，離合六己。戊己既得，則刀圭合而臻乾。乾道變化，寧有窮乎？故水中有金鉛，乃先天之乾金也。金藏水中，陽微陰盛，故以真火燒之，則火灼水枯，是爲戊土。火中有木砂，乃先天之坤土也。木藏火中，陽包陰髓，故以乾金合之，則木受金尅，是爲己土。戊己二物，分則爲土，合則爲圭。圭而成乾，如秋日至於中天，人所共仰而易見者也。但人不知鉛中金氣，在乎真火煅鍊之功，火中木液，全憑乾金尅制之力，方克有成。否則，徒費貲財，虛延歲月，大可悲也。

夫予自立之年，慕夫金丹之道，每爲方士所惑。作之者，雖說鉛汞之妙，而不知鉛汞交姤之玄；論之者，雖說陰陽之秘，而不知陰陽返還之理。執偏見以强符奧理，雖曰欺人，實是自欺。予由是痛恨而絕之，遍訪先聖之遺篇，而沉潛反復，參透奧旨，遂得驅龍就虎之秘，金木交併之玄。**陳攖寧頂批** 此君是由書中得來，不是由師授。 不敢匿而自私，乃述金丹總旨以提其綱，次作進道篇以辨藥物配合之玄機，作進道歌以廣其次序。猶恐辨之不詳，更敷揚於各論，以足其說。復恐論之不約，則詠歎於詩歌，以闡其微。又述大藥圖於篇末，以完「秋日中天」之用，俾後之學者，得開其蒙蔽，以見中天之秋日，庶不爲方士所惑，則亦少補於救溺之功，而爲濟世救貧之一助云。

大明嘉靖癸丑季春龍游越松山人祝雲鶴自叙

秋日中天目錄

秋日中天

祝雲鶴先生　著　湯若望先生　註

金丹總旨

金丹之書，千經萬卷，其理皆同；　萬户千門，其實則一。總之，神氣相接，超脱成真，棄質入聖，用氣附形，以神伏氣，方得形神俱妙，與道合真也。此丹道之理，與造化生物同。

冬至陽生，萬彙含真，如黑鉛之孕先天一氣，即時之冬也；　三陽開泰，萬物萌芽，如黑鉛中之真氣發生，即時之春也；　種砂懷胎，沐浴長養，即時之夏也；　砂中汞成，含變化育，即時之秋也。萬物孕於冬，生於春，長於夏，而實於秋。秋乃金氣，物非金氣不實，砂汞非金氣不成，故西方兑金乃丹道成終之藥也。**陳攖寧頂批**　非銀不成。

丹道惟天元服食，有一無二。下此黃白之道，亦有不同。用母用鉛雖異，而採氣補精，捨砂與母，他物決不能成。蓋鉛中真一之氣，惟母能含，惟砂能受，惟汞能奪。至於傳送之機，神而明之，存乎其人耳。**陳攖寧頂批**　法無一定。

進道論

金丹大藥，鉛也，汞也，土也； 金丹妙用，精也，氣也，神也。是故精藏於坎，抽坎中之元陽爲鍊精； 氣產於離，補離宮之真陰爲鍊氣； 神具於土，合坎離而成乾爲鍊神。精（坎）不得氣（離）則不出，氣（砂）不得精（鉛）則不住，神非精氣凝結則不靈。故從紅（汞迎鉛）入黑（追金），得水內之金； 鍊黑（鉛制汞）入紅，得汞中之寶（採金作用）。經曰：「欲令鉛制汞，先使汞迎鉛。」其斯之謂歟。蓋真汞產於離，其用卻在坎； 真鉛生於坎，其用卻在離。坎離交姤之玄，鉛汞結丹之妙，乃前賢闡揚進道之門、正一真修之宗。奈何世人溺於凡師昏惑之論，而不知鉛汞顛倒之機，遂使丹道不明於世也。悲夫！

竊以「金丹」言之。所謂「金」者，先天真一之氣也； 所謂「丹」者，化生不息之機也。金藏西北兌坎，氣屬東南震離，欲修而鍊之，必取自離宮，歸於坎位。坎離姤而金水攸分，水火交而丹砂自結，乃返本還原、水火配對之義也，得非真種子乎？ 且明鏡匣云：「乾黃坤體白，黃白藥無比。只用黃白精，不用黃白體。」蓋黃者硃砂父，神存於離； 白者水銀母，精藏於坎。存乎離者爲真火，存乎坎者爲真水。黃金爲德，植發育之機，萬物由是而生也，氣也，水中金也； 白金爲刑，司肅殺之令，萬物由是而成也，形也，水中銀也。用黃以補砂汞之陽魂，用白以制砂汞之陰魄，砂汞得黃白之真精，感二五之精氣，融結而成至寶，得非太上「金種金兮銀種銀」之謂乎？ 若以凡世之金銀爲黃白，則去道遠矣。

古云：「若無真父母，所生都是假。」蓋坎北真水爲真父，離南真火爲真母。汞自砂中產出，故以砂爲母。砂感鉛金之氣而含胎，故以鉛爲父。鉛不獨用，故以砂汞相投；砂不自結，須賴鉛金制伏：是真陰真陽得類、真夫真婦交感之謂也。故曰：「燕雀不生鳳，狐兔不乳馬。」蓋凡銀，五金類也，質稱後天，但可借爲鼎器，以招攝先天之氣，用以乳砂汞耳。欲死汞，須尋真母，乃結汞胎。**陳攖寧頂批** 砂，真母死汞。 但真母雖能養汞，必須凡母乳哺，始得氣足神全，形體剛健。**陳攖寧頂批** 銀，凡母乳哺。 若認以爲真母，望其死汞，則誤矣。雖然，以銀養砂，固非八石之同類；以砂制汞，亦非死汞之靈丹。故曰：「事乖不成寶。」蓋水中之金爲真鉛，砂中之液爲真汞，乃一陰一陽，精氣相從，是爲得類。以類相從，自然通靈變化矣。

至於自相制伏之妙，又爲造端吃緊之機。金水，同宮物也。以鉛鍊銀，則銀盜鉛中之氣而陽華閃灼；以銀鍊鉛，則鉛受銀內之尅而陰癸潛消。鉛靈則母聖，母聖則鉛靈。銀鉛相制，理勢然也。**陳攖寧頂批** 銀鉛相制。 木火，同垣物也。以感氣之砂而鍊汞，乃水銀烹金精之法；以得金之汞而烹砂，爲硃砂鍊陽氣之方。砂因汞煮而去紅衣，則無吞盜之患；汞因砂制而資陽氣，則無難乾之憂。砂汞相制，亦理勢之必然也。陳攖寧頂批　砂汞相制。

世人既不知同類之說，又安知取捨之玄乎？ 蓋五金八石，皆有形成質之物，種類各殊，情性亦異，豈宜合體並房哉？ 實知丹道者，只用其氣，不用其質，無質生質，是爲還丹。故形要堅剛，氣要充滿。氣充則有生育之妙，形剛則無耗散之危。採之有方，則其氣不至於散失； 鍊之有法，則其質必得乎陽剛。氣足形剛，則神斯清矣。先師曰：「一要藥物真，二要配合真，三要火候真。」聖哉言乎！ 知藥物而不知配合，則陰陽不克相乘。知配合而不知火候，則金液何得凝結？

故以配合言之，六十四兩，乃鉛用四九之機； 七十二數，合金水同宮之妙； 終一百四十四兩之數，而水火之氣方全； 盡三百八十四銖之稱，而兩弦之氣始足。此丹道自然之配合，仙師隱秘之玄機也。陳攖寧頂批　六十四兩即是四斤，一百四十四兩即是九斤，三百八十四銖即是十六兩。按斤兩配合之法，當參考金火燈築基鍊己論。

自火候言之，外丹爐火之運用，法太陽晝夜之循環，進退則取法乎四時，變化則研究乎文武。先用文火以變其質，後用武火以脫其胎。養砂則施文武之功，鍊汞必藉薰蒸之法。去紅脫垢，文多武少； 超脫過關，文少武多。若煆鍊，則極其威武； 凡溫養，純乎文法。無拘六百之煩，惟在察情觀變。

此外，又有陽火陰符之訣，須守生寅庫戌之規。火雖殊而首尾同符，中雖變而進退合節。寅行午位，氣足胎完；午入戌宮，瓜熟蒂落。見寶則貴乎乳哺，超脱則肇於鍊神。育子生孫，依文法之妙用；通靈顯化，實太極之奇觀。節節俱要分明，勿牽纏而混雜；代代必求耄耋，自氣足而神全。汞則必超，借硃砂之餤，取其神化；砂則必脱，假木火之力，離其陰陽。五金歸祖，承靈丹之接制；八石聽令，賴聖母以調和。知紅玉紅綾之妙，在既濟未濟之功。大抵七十二家爐火，無非鉛汞分爻；二十四品神丹，不外陰陽配合。但下手有遲速之異，而成功無彼此之殊。砂汞銀鉛，惟真乃可用；金石草木，非類所以難成。惟無見利欲速之心，乃有造化通神之妙。目前若存深淺之見，日後必遭折耗之危。銀鉛取氣於先天，渣滓何用？砂汞留形於後日，精氣宜培。患在陰陽之失配，妙乎藥物之純陽。此乃金液還丹之正道，不宜妄洩於非人。倘有久專玄門，深探道妙者，詳而味之，無不得也。

進道歌

進道歌，進道歌，道門錯脚成癢疴。綸巾鶴氅何太多，高談肆出如懸河。煅鍊五金燒八石，虛延歲月成蹉跎。萬卷丹經理不訛，一朝貫徹靈鏡磨。虛無一炁先天精，南北東西着意尋。祝融南來號火神，軀入北海方成真。微微騰倒天地髓，癸水沉兮壬水升。分明一味水中金，不是凡砂與水銀。陰陽二氣結成真，生天生地又生人。乾黃坤白先後行，攢簇陰陽鬼神驚。除却金丹返還理，萬般差錯捴難成。三十六斤黑鉛水，七十二兩硃砂配。水火成團藥祖宗，煅鍊功完天地位。甲壬乙癸何所成，西家少女東家配。五百七十六數陳攖寧按　即是三十六斤終，方得八兩真鉛氣。河上姹女神最靈，一得金精合同類。性歸情兮二八當，縱教野戰更何妨。火滅煙消體自强，斗柄運轉西南鄉。金母從此別木郎，中宮脫却羅衣裳。三十六時火不停，擕君同翫紫金霜。神魂鬱鬱龍珠光，返本還原作藥王。初胎復卦起一陽，三五親母身羸尫。還請西鄰乳哺娘，嬰兒體旺形堅剛。再尋巽艮入坤方，伫看初子出陽關。二轉光生地降臨，炁成初子結其形。温養朱衣色轉青，靈兒乳哺方成真。陰符退盡陽華生，送入離宮去鍊神。衣衫脫下傳兒孫，轉制相承氣益靈。三轉陰陽正交接，千萬花艸皆萌蘖。丹砂點化分剛決，炁清老死復何說。燒丹至此真奇絕，莫把天機都洩漏。卦至大壯神氣全，點化通靈總一年。河車搬運作靈田，鉛銅鐵錫皆成仙。自兹夬卦歷純乾，變化不測皆由天。五金八石合承宣，濕汞頃刻鳴秋蟬。一滴乾時萬滴乾，全憑陰德與福緣。濟貧拔苦無禍愆，修心養性延天年。吾今進道非偶然，歷盡艱辛萬萬千。否極泰來歌舜日，風恬浪靜樂堯天。手探日月輪迴窟，足攝乾坤造化圈。三十六宮春意足，黃花滿地撒金錢。

水火交姤論

離位在南，乃先天之乾；　坎位在北，乃先天之坤。因乾坤交姤之後，乾體虛而成離，坤體實而爲坎。坎懷陽金，爲乾宮之金也；　離含陰水，乃坤宮之水也。坎納六戊，離含六己，此乾坤順行而變化坎離也。自是而後，男女順行，生人生物，流而不返，以至生生不已。惟神仙有返還之術，逆而修之，使木入坎宮，與金相合，令朱雀下海，銜出金精，金木交併，水火既濟，其一陽上升而爲艮，爲乾之少男，用兑金合體，乃山澤通氣，號曰「聖母靈鉛」。**陳攖寧頂批**　艮爲山，兑爲澤。　有此二物，可以伏虓成丹，豈謬言哉！

坎北論

以坤交乾而有坎，爲乾之中男，以其陰盛，故居北海而爲水之正位，月之象也。坎納六戊，戊爲陽土，月以戊爲精魄，是爲金精。金爲水母，母隱子胎，故水中有金，是爲先天之乾金也。化生萬物，皆本於此。金藏水中，氣而已矣，不能自出，故投之以震木，而木中有火，火尅水內之金。金情戀木，猛烹極鍊，金隨木氣而上浮，是謂真鉛，又名真金，乃大丹起手之聖藥也。

詩曰：「若問真鉛事的端，要將水火打成團。夫妻交姤金方出，子母烹煎水自乾。萬物化生由太極，二精交感作還丹。先天氣足連城璧，莫作尋常一樣看。」

註云　月內含水，水中有金，是謂「金水同宮」。蓋因敗於昴畢之鄉，故受之震木而結其金胎，合以兑金而消其陰癸，更加武煅之功，以求純陽之妙。水枯爲鉛，金化爲戊，以戊制砂，是謂「取坎填離」，爲大丹宗祖。

離南論

以乾交坤而有離，爲坤之中女，以其陽盛，故居南方，爲火之正位，日之象也。離含六己，己爲陰土，日以己爲精光，是爲木液。木乃火之父，父藏女腹，故火中有木，是爲先天之坤土也。仙師則取水中之金，制火中之木。木性愛金，以金中之水尅木中之火，真火遇金，則伏爲晥。晥化爲己，以己擒汞，汞感真陽之氣而立死。除此己土之外，更無死汞之藥，安得不謂之真母乎？

詩曰：「晥珠屬火性飛揚，惟有真鉛斷配當。戊土烹調令氣足，兑金鍊養得形剛。陽還陰窟名神母，坤變乾爻作藥王。要識個中奇絕處，金烏端不在扶桑。」

註云　真汞產於離，其用却在坎，故云「不在扶桑」也。扶桑乃東南木火之鄉，坎乃西北金水之地，返木於西北，還金於東南，故云「七返九還」也。

震東論

震居東方，而爲乾之長男，五行屬木，實從離宮產出，其性最燥而愛金，其體似水而畏土，故以離南真火配坎北金精，制成真土。土能剋水，土中有金，金能剋木。木死於離，故借太陽之液，而行薰蒸之法，以立其體；木敗於子，故假先天之氣，而施乳哺之功，以足其神。體凝神足，過關之後，名爲真鉛，又爲真銀，體變純陽，化爲金液，乃爲養砂乾汞之聖藥。長子功成，開點可坐而待矣。

詩曰：「震木東方是長男，送歸火母最相安。水因土燥凝成質，木賴金精結作團。生子育孫承祖氣，點銅化鐵感金丹。只求一粒真乾汞，積累如山信不難。」

註云　震居三數。金丹由戊傳己，是一生二。由己傳長男，是二生三。由長男傳諸子，是三生萬物無休息也。但必俟三子通靈而後，死砂乾汞，方可任意施爲。

兌西論

兌居西方，質本後天，爲坤之少女，有質無氣，但可作鼎器以奪鉛中之金氣耳。惟其受死於子，故鍊以真水而益其陽氣；金敗於午，故姤之真火以採其金華。以四九之金，合三十六斤之水，分池煎鍊，數足九陽。入池不可偏枯，採取看其老嫩。銀中陽滿，自外赤而內黃；鉛內陰消，庶形剛而體壯。木賴之以乳哺，火賴之以鍊陽，水賴之以消陰，大有補於丹道之用者也，故曰「無母丹不成」。但此非真母，乃庶母凡銀耳。

詩曰：「位列西方屬後天，仙師假此鍊真鉛。取將北海烏龜髓，化作瑤池白虎涎。花簇錦盤宜採取，藥投神火莫遲延。數終九九陽華足，產出金酥玄又玄。」

註云 用鉛鍊銀者，因銀出世日久，質落後天，以鉛鍊之，使感先天之氣耳。分作九池迭鍊，行「太陽移在月明中」之火候，銖銖踵息。鍊過九池，銀得鉛中真氣，始可作母。再以金胎死汞，同鍊九池，採庚壬之正氣，則裏外漸至酥黃，乃為聖母。以之乳哺砂汞，更易通靈。

精氣論

精藏坎位，西北主之；氣產離宮，東南主之。坎中有金，金情戀木，故以汞投鉛而結其金精。金為火逼，泛然而上浮矣。浮者為金，沉者為水，仙師則取其金而去其水。離中有木，木性愛金，故以鉛制汞而伏其木氣。木受金尅，的然而留形矣。伏則為疏，飛則為汞，仙師則取其疏而去其汞。故以坤交乾而得金，鍊成戊土，是為真父；以乾交坤而得木，鍊成己土，是爲真母。戊己二土，實金丹起手之要藥。使不知精氣交姤之玄，而欲刀圭藥就，難矣。

詩曰：「大藥無過氣與精，坎離二象結交成。鉛因火逼精方出，木賴金調氣始凝。日月互垣憑煅鍊，陰陽得類自和平。直須黃老分胎去，化作刀圭次第行。」

註云　黑鉛中有汞銀，名曰「白金」，又名「水中金」，即鉛中之精也；　硃砂中有汞火，名曰「丁火」，又名「硃裏汞」，即砂中之氣也。故將鉛内白金、砂中丁火二物，投於造化爐中，會體交神，精氣凝結，如滚日紅塵浮於水面，結成金胎。須以真火制死金胎汞陰，再配兑金同鍊，則戊土成矣。復以戊土養砂，以精伏氣，鍊老分胎，己土成矣。故曰：「黃老分胎去。」大抵金丹大藥，愈老愈靈，勿嫌功多日久也。

魂魄論

魂曰「天魂」，曰「日魂」，乃乾中之真陰，離南之真火也，己土專之；　魄曰「地魄」，曰「月魄」，乃坤中之真陽，坎北之真水也，戊土專之。以魂投魄，採天一之真精，所謂「天魂制水金」也；　以魄合魂，結地二之真液，所謂「地魄擒硃汞」也。陰陽兩相交通，魂魄互爲宅舍，故仙師先取坎中元陽，以立丹基，而必投之以木液，使陰返坤宮，而陽花自生，鍊成戊土；次結離中真陰，以取晥珠，而必姤之以金精，使陽還乾舍，而陰精自凝，制成己土。魂魄交姤，乾坤合體，而大藥在乎是矣。

詩曰：「日魂月魄不難知，魂魄分明在坎離。魄是坤宮金虎液，魂爲乾舍木龍脂。魂須借魄擒朱雀，魄亦資魂制黑龜。魂魄包藏天地髓，個中鍊出大丹基。」

其二：「日魂月魄甚分明，多少迷徒執不醒。魄是後天應有質，魂爲元始本無形。魂如無魄魂何立，魄若無魂魄不靈。只在無中生造化，鍊無爲有合丹經。」

註云　凡有氣而無質者謂之魂，先天之陽也；有形而無質者謂之魄，後天之陰也。魂不得魄，則氣無所載；魄不得魂，則形不能靈。是故銀居兑位，名曰後天，有質而無氣者也。仙師則以鉛鍊銀，使銀奪鉛中金氣，是鉛爲銀之魄也。木居離宮，亦名後天，有氣而無形者也。仙師則取鉛中之金而尅火中之木，是金爲木之魄也。人徒知銀之與木得鉛金爲魂魄，而不知鉛金之靈則又賴木火而得之也。

五行生旺指掌圖

巳 水絕木病 金生火臨	午 水胎木死 金敗火旺	未 水養木墓 金冠火衰	申 水生木絕 金臨火病
辰 水墓木衰 金養火冠	銀 金	鉛 水	酉 水敗木胎 金旺火死
卯 水死木旺 金胎火敗	砂 火	汞 木	戌 水冠木養 金衰火墓
寅 水病木臨 金絕火生	丑 水衰木冠 金墓火養	子 水旺木敗 金死火胎	亥 水臨木生 金病火絕

戊土生在申與水同行故鉛死爲戊土己土生在寅與火同行故砂死为己土敗即是沐浴

五行生尅說

鉛，壬水也，爲戊土，生於申而敗於酉，故以銀鍊之而枯其體；旺於子而死於卯，故以汞投之而採其精。

砂，丁火也，爲己土，生於寅而敗於卯，故以汞烹之而去其紅衣；旺於午而死於酉，故以金制之而擒其硫液。

銀，凡銀也，生於巳而敗於午，故以真火而添其精華；旺於酉而死於子，故以真水而補其陽氣。

汞，震木也，生於亥而敗於子，故投戊土而感其陽氣；旺於卯而死於午，故匱之硫火以凝其形質。

詩曰：「南北東西四象全，不知制伏旺徒然。銀鉛煅鍊同歸聖，砂汞烹煎各有緣。鉛可伏硫硫伏汞，火能化土土擒鉛。要知大藥通玄處，只在五行生死篇。」

其二：「真鉛一味最難求，識破何須着意謀。熱火冷鉛釜內取，金花祖氣水中收。要明戊己砂鉛造，方識硫兒硬子投。夫婦相交全藉土，擒鉛制汞號天硫。」

其三：「兑虎原來居坎位，震龍還自出離宮。姹女西山能跨虎，嬰兒東海善騎龍。

若非一炁生真汞，怎得三才自會逢。龍虎虎龍知配合，黑紅紅黑自相通。」

其四：「枯母枯鉛□□□，□□母老汞□□。母枯枯極方乾汞，汞死鉛枯汞自堅。通天神火成金粉，武鍊文烹二八全。九轉神符丹始就，一粒吞飧壽萬年。」

註云　「制伏」二字，與前論中自相制伏之訣，皆要緊之玄機。蓋金胎內含金火二氣，可以補銀母之虛，而此母又能鍊退金鉛之陰氣，使化成純陽戊土，故云「銀鉛同聖」。此自相制伏之一道也。又砂中丁火，本離之中爻，屬陰；鉛中壬水，本坎之中爻，屬陽。今以汞吞壬水之氣，使離復爲乾，此水火相制，而無相盜之病也。又汞本震木而生於亥，體合癸陰，今以砂汞同烹，砂之燄被汞滅而砂易伏，汞之癸被砂尅而汞易乾，此砂汞自相制伏之妙也。「鉛伏晥晥伏汞」者，即戊死己，己死長男也；「火化土土擒鉛」者，即砂死成己土，己土又死砂汞也。

金長生說

庚金生在巳，居巽位。巽屬木，巽巳又爲丁火臨官之鄉，故爲木火同垣。木火南離炎暑之氣，薰蒸年久，結而爲砂。彼金埋水中，沉伏難現，惟借此木火輕浮之性，投入鉛中，載之而出，浮於水面而有形，故曰「金生在巳」。**陳攖寧頂批**　借木火輕浮之性，投入鉛中，載之而出，浮於水面而有形。

水土長生說

壬水戊土生於申，申位乎坤，屬土，戊土也。申又爲庚金臨官之地，爲金水同宮。故以壬水鍊凡銀爲庚母。蓋凡銀出世日久，攙銅和鐵，山澤真氣耗盡全無，故以壬水真鉛同他配鍊，各自懷情，母色庚黃而聖，鉛陰消盡而靈。**陳攖寧頂批** 以壬水真鉛配鍊凡銀爲庚母。爐火假之作鼎器，以造土養子。戊土於此成，壬水於此鍊，故曰「水土長生在申」。

木長生說

木生於亥，居乾位，乾屬金。乾亥又爲壬水臨官之地，居西北嚴寒之方。金水之氣結而爲鉛。若夫砂中木汞，居南方陽極之地，性燥難留，故借金水沉重之氣以伏之。**陳攖寧頂批** 砂中木汞須借金水沉重之氣以伏之。呂祖云：「性似一團火，情如一溜煙。」性情之義甚妙。但木爲金可制，故須用金去伏他。經云：「真水制真火。」又云：「木性愛金順義，金情戀木施仁。」由是木受金制而形質留矣，故云「木生在亥」。

火土長生說

丙火己土生於寅，寅位乎艮，屬土，己土也。寅又爲甲木臨官之地。砂中丁火，木之女也，其性最烈，故用木汞烹調，馴其烈性，方與金郎偕合。直待兩情濃深，内含真炁，懷胎受孕，謂之「抽坎填離」。火化爲己土，比戊土之力更大。火因木留，己由火造，故曰「火土長生在寅」。

五行敗地說

敗地即沐浴地也。水敗於酉，故用銀以消鉛之陰氣，使之枯而成戊；金敗於午，故投砂以追水金，並收銀中金花，以奪其精華；火敗於卯，故用木汞以去砂之紅衣；木敗於子，故用金水而結汞之旈液。

五行旺地說

鉛爲子水，旺於北；銀爲酉金，旺於西；砂爲午火，旺於南；汞爲卯木，旺於東。

壬無癸不生，故採花必待癸生；汞死雖成寶，非見母不能堅白；砂死成旈，須栽培博厚； 長男離父，必用汞煮添精。此皆使之旺於四正位也。

五行死地說

鉛死於卯，得木而金浮； 銀死於子，得水而陽足； 砂死於酉，得金而晥伏； 汞死於午，得火而神凝。

木火載金水出，而水枯矣，鉛枯爲戊土，故水土死於卯； 凡銀得真鉛配鍊，陽氣充滿，塵陰盡絕，故金死於子； 黃晥經戊土伏死之後，必用母銀插骨，方成己土，故火土死於酉； 震木必須己土匱死，脱胎後又必須神火煅鍊，故木死於午。

五行絕地說

鉛絕於巳，金生之地，用白虎以消陰； 銀絕於寅，火生之地，因黃晥而色變； 砂絕於亥，木生之地，因產子而精竭； 汞絕於申，水生之地，託先祖以過關。

鉛經銀久鍊，癸陰盡絕； 兑與離交鍊，體變紅綾； 砂中神火，以汞癸滅其燄，以脱胎盜其精，而晥皮絕命爲骷髏矣； 汞爲震木，或初脱之嫩胎，或乾出之死汞，俱要經過鉛關，方能絕命。

陳攖寧頂批 初脱之嫩胎，乾出之死汞，俱要過鉛關。

五行胎地說

木胎於午，鉛金用黃硫補之； 金胎於卯，母銀以法鉛鍊之； 火胎於子，硃砂用鉛金養之； 木胎於酉，汞液以金母乳之。

鉛内投木火，採出水中金胎，必加黃硫補神，戊土方靈。所謂「法鉛」者，經云「汞不投鉛，鉛爲孤體； 鉛不投汞，子母不全」，先將出山氣鉛提過入池，大火煎鍊，察其花色，投以木火，始則花飄水面，繼則月印波心，火力一到，造化自生，冷定取出，入罐封固，養火三周，是名「法鉛」，一名「白金」。復將此鉛烹至鴻濛將判，色似祥雲籠日，形如金粟松花，此是丁壬姤合，結就龍虎胞胎，名曰「金胎」。以此鍊母，母方有乳。金胎者，戊土也。己土與長子，俱先從戊匱養出。砂汞雖死，必須兑母乳哺，方得體壯形堅。

每淨鉛一兩，配硫三銖。如砂結亦同此配，養火亦然。此配砂結胎要訣。又初結出金胎，每兩亦配黃硫三銖，先養三日，然後與兑金同。

五行順生物逆成丹說

嘗觀參同契云，五行順則生人，逆則成丹，其理不可不知也。故自其順而言之，則金生水，水生木，木生火，火生土，土生金，相生無已，此順則生物之謂也；自其逆而言之，則金逢水死，水逢木死，木逢火死，火逢金死，銀鉛砂汞四物，皆以生者而鍊之實死，既死而又鍊之使靈，所謂死裏求生，故曰逆而成丹也。人能按五行生死之理而參之，以順逆生成之道而玩之，則丹砂之制伏不難矣。此蓋前聖隱於不言之表，而吾著之於圖、撰之於書以發其所未發也。

附錄　每銖四分一釐六毛結胎之鉛，須要配毓養過。此着工夫，最要詳察。每鉛一兩，配毓三銖，總計二十四銖爲一兩。鉛有一十六兩，配毓四十八銖，二兩之毓加在一斤鉛内也。

進陽火退陰符圖

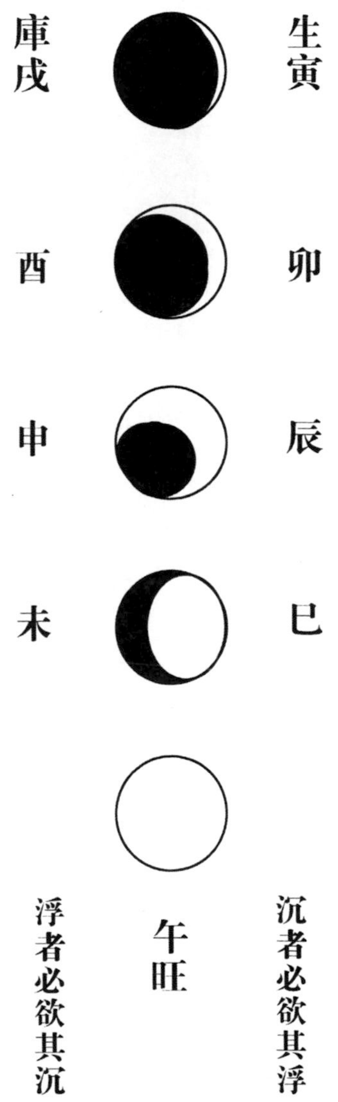

詩曰：「陰陽火候莫差殊，須究生寅庫戌圖。感氣去紅當易轍，陽烹土匱不同途。形剛送入慈親舍，體壯還歸老祖爐。退盡陰符全解脫，養成大藥作黃輿。」

訣云：「陽者，陽火也，歷寅卯辰巳之位而進也； 陰者，陰符也，由未申酉戌之位而退也。進陽火以交其氣，退陰符以鍊其形。符，合也，如午未之合、卯戌之合也。感氣者，感鉛中之金氣也。去紅者，去砂外之紅衣也。鉛中金氣，全憑火裏烹來； 砂外紅衣，必賴汞中□□。□烹，則烹之以神水。（陳攖寧註 此處殘缺三個字。）土匱，則匱之以靈晥。形要剛，宜施乳哺； 體要壯，必加鍊神。感氣在寅，去紅在卯，而日加溫煖； 陽烹在辰，土匱在巳，而漸減火功。至巳則陽火之進數方窮，及午則陰符之退縮方起。形體既具，欲施肅殺之威，宜居午未；神氣未足，將求產藥之源，還在申酉。陰符既退，脱胎當行。陽裏求陰，使青龍獨居虎穴。死中用活，俾木汞充塞河車。死砂欲脱衣，必仗活汞三進；子母如分胎，可行神火通天。釀成至藥，化爲黄輿，生生不已，豈有窮乎？是以旭日方升，寅宜温養，莫失於冷；東隅既進，卯宜添火，勿令太炎。鍊神不怕純紅，乳哺只須紅紫。陽火之進不宜速，陰符之退休教遲。因生熟之不同，故遲速之有異。但期菓熟於枝頭，不限時周於日晷。大抵丹以靈而去爐，須知藥未靈而再鍊。火符既畢，脱胎當行，是故汞銀已死，更倚西山之白虎；砂汞欲分，全仗東海之青龍。先以汞交，使龍虎自相吞盜；次行野戰，令子母立時分胎。虎戰龍爭，妙在死中用活；子靈母聖，功多武内加文。至此則火化爲土，臨子位而補助其陽；木變成金，遇坤鄉而益添其妙。進火則火中陽滿，作死汞之靈丹；吞金則木爲金充，成養砂之至藥。轉轉相接，故曰『黄輿』。」

象數氣候方位支神説

以四象言之，則鉛爲元武、砂爲朱雀、汞爲青龍、銀爲白虎；以卦象言之，則鉛屬坎卦、砂屬離卦、汞屬震卦、銀屬兑卦；以數言之，則天一生水爲鉛、地二生火爲砂、天三生木爲汞、地四生金爲銀；　以氣候言之，則鉛感冬之氣、汞感春之氣、砂感夏之氣、銀感秋之氣；　以方位言之，則汞位乎東、砂位乎南、銀位乎西、鉛位乎北；　以支神言之，則子鉛也、午砂也、卯汞也、酉銀也。

詩曰：「萬殊由一本，四象會中宮。受氣陽生子，房龍日已東。黄婆歷南極，老母嘯西風。是物歸元祖，周天數始終。」

訣云：「一者，坎中之真精，先天水銀也。在北曰鉛，在南曰砂，在東曰汞，在西曰銀。四象會合，色變成黄，曰土。皆由先天一氣化出，故曰『一本四象』，即金木水火也。金水得真火而成戊土，木火得真水而成己土，故曰『會中宮』也。中宮戊土，本金水所作，而中含木液；　中宮己土，本木火所造，而内藴金精。故初種丹砂，一陽生於子，則受氣坎宫，感戊土真金，以立其胎。次卯逢龍於震位，賴木液烹制而伏其性。歷午陽光已滿，陰肅初生，金水成真，己土有象，火符運於外，青娥產於中，三五數終，丹砂乃凝。遇酉則氣經肅殺，而萬物歛形，以金育木，而龍化虎體。至亥則歸根復命之時，正陰極陽生之候，運火符以老其形體，會元祖以培其萌芽。夫以丹道之妙，非乾坤之鼎不立，非日月之精不產，非四時之序不全，非五行之氣不就，非金火之總數不成，是以遍歷諸辰，陰陽數足，自然變化通神矣。」

詠鼎爐四象詩

學道先須識鼎爐，五行四象會中都。青龍要食庚辛氣，白虎常飧甲乙酥。朱雀噈殘壬癸水，玄龜吸盡丙丁符。此是五行真造化，能修妙理豈凡夫。

詠四象爐西江月

藥制坎離震兌，火分春夏秋冬。騰騰曲屈竅相通，狀如蓬壺妙用。坎上一陽交感，震遇東海青龍。再行金火會同宮，率採西方真種。

進陽火退陰符大藥圖

乾
兌　　巽
震　　艮
坤

坎中金氣爲陽進一陽象震進二陽象兌進三陽象乾故名進阳火離中神火黃晥爲陰退一陰象巽退二陰象艮退三陰象坤故名退陰符

進陽退陰大藥圖說

坤生震兑乾，陽長之象也，故曰「進」；乾生巽艮坤，陰生之象也，故曰「退」。藥得火以象其施化，火得藥以結其靈胎，是故在震則受氣於子宮，而日尚溫煖；至兑則去紅於卯方，而氣加和煦；歷乾則太陽吸金水之瓊漿，丹砂感玄龜之靈氣，而無害方炎；遇巽則木母壯青龍之骨體，金精長白虎之形骸，而火宜盛暑；至艮則老祖再逢，不妨助以炎盛；歸坤則子母分胎，尤當施以神武。由是火環於外，藥變於內，不失其度，乃觀其萃。要之火有陰陽之別，宜詳進退之機。

復雷轟北海受氣　**春澤發東晞**汞烹

天象點南極大火　**神風見虎威**乳哺

山中逢老祖養神　**地藏脱朱衣**脱胎

註云　此說與前後兩訣，俱言養砂之火候也。坎中金氣爲陽，進一陽象震卦，戊匱受氣也，火宜小；進二陽象兑卦，用汞烹砂也，火漸大；進三陽象乾卦，依神水虛養，吸金水之瓊漿也，火加大。此砂三次進陽氣。由是入已匱離宮。離宮火氣爲陰，退一陰象巽卦，用銀母插骨，乳足之後，加金英神水沐浴，大火鍊退所受凡母之濁氣，謂之「祛陰」，亦名「鍊神」； 退二陰象艮卦，用祖匱補氣，封固養火，大亦無妨； 退三陰象坤卦，大火脫胎，子母分別。 至此陰符退盡，再行煅鍊之功，則天晥子銀各自成真矣。

火候訣

「聖人傳藥不傳火，從來火候少人知。」蓋火無斤兩，亦無時候，在識時序採取之不同，看生熟老嫩之各異，而察其藥物之變換耳。 故火猶日也，而有四時之殊； 藥猶□也，而有坎離震兑之別。 坎者，戊也； 離者，己也； 震者，汞也； 兑者，銀也。 始於冬至，則置丹砂於坎北，感先天之真氣，以立其胎； 次更於春，則徙丹砂於震東，施烹精鍊氣之法，以伏其性； 再歷於夏，則徙丹砂於離南，吸戊己之精，以結其形； 再閱於秋，則安丹砂於兑西，施乳哺之功，以足其氣。 既則復歸於坎位，而行歸根復命之法，謂之瓜熟而尋敗葉也。 夫以一火而行四時之序，以一爐而備四象之功，此乃法天地自然之火候也。 知乎此，則三方一頂之稱，四正排插之說，猶其淺焉者也。

秋日中天後跋

丹道之法，在乎用鉛不用鉛而已。既曰金丹，又曰金液還丹，則知丹道用金也昭昭矣。是知所以結藥者，金精也； 所以招攝鉛中金氣者，木液也； 所以鍊金木而成真土者，又在兑金也。但人徒知用鉛，而不知用鉛之法存乎硫； 人徒知用硫，而不知所以堅金精之妙存乎銀； 人徒知用銀，而不知所以煅鍊返哺資以乳哺者，又存乎鉛也。及乎養砂乾汞既成，則金液得以通靈矣。蓋其所以成變化者，惟在真火之功，而又非銀鉛之所能專也。古人云：「轉制分胎三次後，却嫌宗祖是囂塵。」此之謂歟。人能究心於五行生尅之圖，細審水火木金之機，精研火符進退之旨，則金丹之奧可坐而得矣，焉有破家耗財之患乎？

予因世之慕斯道者，冒昧無成，可悲可憫，遂不惜平日所得之秘，播爲詩歌，著爲論說，以傳後學。然其下手之次第，蓋亦有不可顯言者。人能得是書而熟玩之，則理與心融，自事與理合，始信吾言之不謬也。至於作用之妙，又存乎人智慧之巧，非予所敢預限也。

用鉛不用鉛者，取壬去癸也； 丹道用金者，先取白金爲鼎器也； 金精者，壬水也； 木液者，丁火也。非銀不能消鉛之陰，非鉛不能添母之氣。死砂死汞，次次俱宜加神火返粉方靈，故功尤神。三轉以後，銀鉛皆不用，只可匱八石分支點化，爲丹房之資。**陳攖寧頂批** 三轉後銀鉛皆不用。 用至四轉神藥，爲大丹之正路，行之不輟，蓬山可至矣。

秋日中天附集

無名氏　作　湯若望　註　陳攖寧　抄

真鉛歌

真鉛祖，真鉛祖，真鉛祖兮號玄武。黑中有白先天精，先天乃是金丹父。

註云　天一生水，爲鉛中之壬水；　地二生火，爲砂中之丁火；　至二生三，即砂中木汞，死爲真鉛，經云「三生萬物」是也。用此真鉛鍊酥母，伏天晾，養砂乾汞，變化無窮。所以能如是者，以爲先天一氣也。蓋先天水金之氣，生黑鉛中，結而爲白金之精。這點金精，生於杳冥之中。大丹起手，先須取此，以作鼎器，故曰「祖」曰「父」。

黑白交加何以分，朱雀飛來啣翎羽。啣出金精海上浮，金精化成真戊土。

註云　白金在黑鉛中混沌難分，將朱雀火神投入鉛中，金精一見丁火，賓主相合，勾引而出，金浮水面，所謂「投紅入黑，得水中之金」是也。但胎出水中，帶有陰氣，宜加神火相配。養火三周，方借兑金鍊之，則鉛始枯，而化爲戊土矣。

有一少女居西鄰，名曰後天爲庶母。配得白虎入華池，前九後九天然數。

註云　少女，兑金也，位居正西，質本後天，故名「庶母」。丹家借此作鼎器，以退鉛中之陰，復以招攝鉛中之氣，使身邊有乳，以哺砂汞，故又名「乳母」。然鍊母之法，全在華池。用四九三十六斤之鉛，投八兩兑金，分九池迭鍊，則母吞鉛氣，形如獅頭矣。將此八兩獅頭之母，配金胎八兩，又分九池迭鍊。臨爐只要認得金花，方可投藥。經云：「月圓時，金花錠；月缺時，金花卸。」當池中花彩發洩之際，正收攝金花之時。此時不可太過，急將養過金胎，投入池中，罩住金花，不拘分兩，以蓋覆金花爲準，使金火之氣含蓄於母中。務鍊至母聖胎靈，分出金胎，加神火返成紫粉，是爲戊土。其母變成一團黄酥，是無價之珍也。凡投金胎入池，即將本身所鍊之物，亦加一塊，烘蓋於外藥之上，或爲末亦可。

落霞水面映芙蓉，華池神水金波舞。鍊至一團如黄酥，移向離宮爲乳哺。

註云　金胎有火氣，同母鍊時，池中金波舞彩，常如日落暮霞之形，又如水面芙蓉之狀。金華一至，不可輕動河車，此正母得火候也。九池鍊完，金火氣足，體變黄酥，以之乳哺砂汞，妙不可言。或云鍊至八十一池，鉛有鉛之靈，母有母之妙，砂汞聞氣而死。

嬰兒長大過西川，還須三疊陽關渡。子子孫孫永作仙，一訣天機藏坎户。

註云　死砂脱下汞胎，必須西方兑母，傳神補氣，以□□筋骨。乳養之後，恐其含陰，難以入聖，故再行三疊陽關，乃不犯返還之病，即「三十六時火不停，請君同玩紫金霜」也。訣載法藏秘旨中。汞死名真鉛，將神火烹打，使之成純陽紫粉，作匱養砂。砂死又乾汞，次次脱清，生子生孫，俱作仙銀。然丹道起手，在採坎中真金。此訣不知，任爾百般作爲，皆是虛妄。蓋無壬水真金，是無父也。無父安有子？先天在此，真機在此。

真汞歌

試問真汞何所居，用在坎兮產在離。木中有火性猛烈，投得金精轉相依。木性愛金金戀木，木金交感爲夫妻。

註云　真汞產於砂中，得鉛真氣，方能伏住。紫陽翁曰：「真汞產於離，其用却在坎。」汞本陰而屬木，性甚猛烈，見火即飛，若遇鉛中金氣，自然相親，以其一陰一陽，二氣交合，如人間之夫妻相戀也。

成夫妻，雲雨足，緋衣卸去羅幃入。奪得先天一味精，分明化作神仙祿。

註云　砂投鉛内，夫妻交姤，雲雨情孚，日足砂死，砂中丁火之氣，脱於鉛金之内矣，故曰「緋衣卸去羅幃入」。砂與鉛交，奪得鉛中真氣而死，制成真土，永作靈田，坐收金穀，故謂之「仙祿」。

神仙祿，是丹母，要識陽華爲乳哺。牢封關鎖玉池中，招攝金酥凝二五。

註云　己土爲丹之真母。鉛金伏後，必須兑金乳哺。吞兑中陽華之氣，方能實死。玉池封養，必須牢固，方不走失真氣。

凝二五，一團靈，金刀刮盡離中陰。要得水銀成□□，□□□火錬真金。通靈河車成紫粉，時種無根樹一林。

註云　水火真氣，凝結一團，自然靈妙。但初結之疏，必以兑金插骨，分圭之後，又必與兑金同鍊。深恐離陰不絕，再三以金刀刮之，務使陰盡陽純，而成至寶。真火者，己土也；真金者，戊土也。己土由戊土鍊出，制成紫粉，謂之「河車」。傳氣九子，轉運不息，分支匱石，點化無窮，所謂「玉樹瓊林，仙種無根」也。

真土歌

丹家何物是真土，真土之精結二五。二物分明是坎離，離取己兮坎取戊。

註云 真土無形，亦無定位，須水中尋之，如「野馬氤氳片片浮」是也。二五，即北一西四、東三南二，金水與木火之數也。坎爲水，水中有金；離爲火，火中有木。取坎中之精以鍊戊土，取離中之氣以鍊己土，二土成而丹基立矣。

戊土原是水中金，至藥長生在甲壬。取出甲壬真一氣，點化離宮腹内陰。

註云 水中金者，即坎中壬水也，本先天乾之中爻，走入坤宮，故名爲「金」。此金，非木入水中，不能載之出現，故生在甲。丹家取木汞丁火，與金精壬水，姤合成胎，鍊成金粉，作匱伏砂，尅倒砂中陰火，故云「補離宮之陰」。

腹裏陰，是真火，變化不測皆由我。黃婆作主鎮中宮，善使扶桑結金菓。

註云　砂爲離，離中虛，虛中生出真火，即黃晄也。晄死爲己土。生子育孫，皆己土之功，故又名「黃婆」。扶桑，正東之國，木所居，喻長男也。

結金菓，本一元，金花燦爛開南園。二七化成乾健體，用鉛不用是真言。

註云　坎中一點真陽爲祖氣，即一元也。金□埋在坎，不能吐出，得離南木火鍊之，則□□燦爛矣。二七者，火數也。真鉛用真火鍊成純陽，只存鉛氣，不累鉛形，故曰「用鉛不用鉛」也。**陳攖寧頂批**　只存鉛氣，不累鉛形。此仙家實語，非虛語也。

是真言，本二氣，神仙盜奪天與地。識得西南是本鄉，緜緜瓜瓞玄中秘。

註云　戊土金氣，地魄也；己土火氣，天魂也。合而言之，戊土中亦有金火二氣，己土中亦有金火二氣，俱互相呑盜也。西南申地，先天一氣所生處也。一生二，二生三，三生萬物，如瓜瓞之緜緜也。

玄中秘，砂鉛精，先取水銀一味真。天晄進汞胎氣足，穩乘鸞鳳到蓬瀛。

註云　銀鉛砂汞，本是四物，而銀出鉛中，汞出砂中，看來只是砂鉛二物。又以砂鉛採出先天水銀，爲大丹之母，二土由此成，九子由此出，故古人云「本是水銀一味，周流遍歷諸辰」，只是以先天水銀死後天水銀耳。由此靈胎九轉，上接天元，飛昇可得，點化何足道哉！

詠丹始終

試問陰陽道若何，乾坤迭運坎離窩。坎取精兮離取氣，氣精交結作黃婆。

此言作丹起手要坎離交姤。

試問乾坤配合機，金精木液兩相宜。火焚水底靈龜出，同入離宮養玉枝。

此言以砂投鉛，引出水內金精。鍊金成土，以養生砂。

試問通靈真口訣，祖師不肯分明說。坎離二氣結成丹，砂汞相親立時滅。

此言能知木火追金之訣，片時可以結丹。

試問如何生聖子，靈龜吸盡金烏髓。父精母血□通神，片時結就嬰兒體。
此言己土養砂，比戊土更靈。

試問嬰兒養育功，朝朝撫恤在中宮。自從三氣薰蒸後，化作西山白虎雄。
此言温養日足，龍變虎體，汞死成銀。

試問如何是脱胎，死中用活火門開。更施既濟頻頻鍊，自有青娥出户來。
此言脱胎先加活汞養之，然後打火，晥衣始脱，另行轉制。

試問嬰兒立聖基，還依親母赴瑶池。更從老祖關前過，方見真鉛妙且奇。
此言脱下汞胎，用晥皮穿衣，還用庶母保護封固養神，再同親母打火，行陽火陰符畢，又用戊土同鍊，名爲「過關」，又名「過渡」。

試問如何轉制優，河車搬運是仙籌。靈田金穀隨時種，何必官封萬户侯。
此言以土養砂，砂又接晥，行一九、二八、三七、四六，以完節次之火，再加超脱，乃臻神妙。述河車之法，亦要常行抽添。接氣益多益神，可作靈田以種金穀。

詠鉛汞

鉛汞相投自合成，莫將異類混天真。驅龍入海浮金甲，捉虎歸山結玉精。煅鍊功完天地位，堅剛藥就鬼神驚。若將草木論秋日，千載徒嗟道不成。

詠金精

惟有金精理最玄，世人不識用凡鉛。投紅入黑求真種，鍊白爲黃作乳涎。金雀絕陰爲至藥，水龜無質產先天。用鉛不用先師訣，此是真機第一詮。

詠木液

盡道離南木火奇，誰知妙用在玄龜。青龍出海成金鼎，白虎吞精作玉池，龍甲改形成姹女，虎脂作骨乳嬰兒。鉛中造化誰能識，此是瓊林第一枝。

詠鉛汞相交

丹家至寶屬金精，莫把砂鉛擬五行。烏鍊兔脂浮木液，虎烹龍髓納金英。扶桑自合求城郭，少女那堪會丙丁。此是用鉛真妙訣，要知靈驗在虛靈。

總結詠

秋日中天旨，乾坤造化篇。水鄉尋至寶，火地覓真鉛。合璧生新藥，還元返少丹。這些消息竅，莫作等閒看。

京口夢覺道人李文燭　著
陳攖寧　抄

續黃白鏡雜詠

醒醒歌

石函記，漁莊錄，兩公留下金丹目。胡爲今古鍊丹家，個個無成空碌碌。玄律嚴，天威肅，金丹原是仙家祿。肯教容易與凡夫，妄干徒受天之戮。求此事，須積德，務要把心先放直。陰德積多天自予，天予不教人費力。與君說，休疑惑，莫向凡銀討花色。硃砂縱死亦何用，枉把黑鉛鍊枯極。休輕信，方士客，山中尋草煮八石。更將水銀投黑鉛，枯煅硃砂真可惜。要汞乾，須火息，先要將紅投入黑。紅爲火神黑水氣，神氣相交自相得。神居南，氣居北，南北之中討消息。結成龍虎兩胞胎，借你胞胎將汞翼。龍虎胎，真命脈，誰人認得誰會摘。有人問我胞胎形，射日紅塵滾窗隙。涴此塵，出水國，全憑烈火將他逼。逼他出水號天硫，天硫乾汞神仙則。神既凝，天硫熱，不怕水銀心不伏。水銀見硫登時乾，從此河車任反覆。火是神，汞是穀，汞火一家親骨肉。火若不凝汞不乾，汞乾方可名基築。水銀乾，色潔白，還將他來鍊赤汞。銀鍊赤汞造黃輿，直上蓬萊無阻隔。死硃砂，枯骨革，凡夫寶之如拱璧。大家稱此作天硫，惹得神仙暗點額。暗點額，笑人差，天硫原是砂精華。因到玄關行一轉，玉陽呼此作黃芽。砂之精，鉛之華，結就天硫在坎家。不向此中求秘訣，鐵鞋踏破遍天涯。遍天涯，没處尋，坎中一點天地心。此心原是神火化，惟此能除汞裏陰。汞裏陰，名爲癸，癸若乾時汞自死。若要癸乾也無難，坎中一滴潛龍髓。潛龍髓，即天晃，不比尋常渣質流。砂鉛未有先有此，莫把砂皮石㲉求。死硃砂，石骷髏，骷髏裏面神氣休。可憐神氣留不住，反把骷髏當寶收。笑世人，真來癡，只在丹房弄鼎池。硃砂黑鉛真鼎器，陰陽交合即成兒。造天晃，生身同，鉛受砂施片晌工。雜類一毫原不用，自然一點嵌當中。説交媾，自有期，莫教太早並太遲。若不得時空合體，一陽纔起正當時。天晃花，有兩朶，一爐實無兩樣火。譬如懷胎有女男，莫怪吾言太瑣瑣。太瑣瑣，忒明明，天晃不是無因生。只爲有形相合體，一副黄芽兩地萌。砂中鉛，最陰柔，活則沉兮死則浮。萬方千方皆不死，一見天晃癸便抽。汞見晃，陰氣滅，青如霜兮白如雪。不來西舍求乳母，依舊前途還未徹。汞實死，即金丹，須知栽接有何難。起根轉制清真極，久久人餐生羽翰。

水心篇

憶昔逢師在酒樓，一時魚水便相投。他言下手無根蒂，且藉凡鉛起粘頭。

卷卷丹書説死砂，砞砂縱死亦還差。能將砞裏砂來死，方是丹房老作家。

砞裏求砂始是砂，此砂凝結即黃芽。人人都把砞砂死，孰肯回頭自己差。

砞裏水銀名己土，砂爲神火土之娘。古今多少老爐火，不識娘兒空自忙。

要死兒時先死娘，不將娘死子難亡。娘逢壬水方纔死，誰解鉛中是法王。

養砂之法最辛勤，鼎要温温火要文。此處莫教差錯了，自然水火氣氤氳。

砂到鉛中造化生，丁壬相合結精英。開爐慢自分龍虎，入鼎先須定甲庚。

庚爲白虎甲爲龍，虎在西方龍在東。兩獸捉來歸己汞，一輪明月正當中。

甲龍庚虎兩胞胎，借爾胞胎把汞培。但得虎龍同入汞，何愁癸水不分開。

癸水分明汞裏生，一逢戊土便相迎。如今睡醒方纔覺，戊土原來即甲庚。

須知乾汞也無難，戊癸相逢汞自乾。癸戊化成螢惑去，汞銀一味即金丹。

汞若乾時即白金，白金猶自怕含陰。鍊成紫赤真金體，留在丹房捕赤禽。

水銀乾徹即枯鉛，世上枯鉛豈足言。若沾半點枯鉛氣，便覺癡呆軟似綿。

癸鉛枯盡露先天，枯盡鉛時汞體堅。記得癸鉛初見戊，嗷嗷泣泣似鳴蟬。

庚金胎處癸長生，戊土來時癸自薨。癸盡自然金現象，何勞人去費精神。

書傳乳哺在西鄰，天下丹房說是銀。坤母與西纔肘壁，凡銀却與汞何親。

乳娘無乳且休言，枉把真鉛裏面煎。此處不知栽接法，依然前路又忙然。

拙拙時嘗到我前，從來口喫不多言。今朝問我真鉛理，汞不乾時不是鉛。

又問天晲事若何，人間渣質總成訛。天晲不是尋常物，生長西南造化窩。

先種天晲在黑鉛，從來此處不輕傳。誰知先把天晲種，會種天晲便是仙。

天晲正是方生物，元始而成造化根。新月一鈎相髣髴，俗人半句莫評論。

硃砂因與黑鉛交，一點神光射入胞。從此天晲纔有象，昔人稱此作初爻。

硃砂交後體無妨，只用中間一線光。譬如男女相交後，肢體何曾略損傷。

千古萬法把砂爲，神去精亡剩死尸。多少道人皆作假，欲把枯骨養兒孩。

一爐火隱一爐丹，火隱何愁汞不乾。成始成終惟火汞，一毫凡雜没相干。

天晲初用黑鉛栽，終是人間濁□胎。若把汞金爲鼎器，自然生長是靈材。

天晲出產汞金中，力量原來自不同。八石任教隨意養，也無一樣不成功。

笑殺人間井底蝸，盤山度嶺覓仙葩。將來搗汁同砂煮，汞走晲飛路愈賒。

總識天晲是汞鉛，不知超脱也徒然。大都超脱皆憑火，只在天晲聚散邊。

結得晲胎在坎中，一時辭母入東宫。神仙説道無他法，些子玄微在火功。

汞藉天晲癸氣收，天晲與汞共綢繆。全憑火力煅鍊出，野馬氤氲片片浮。

丁壬妙合胎須脱，戊癸天然火要超。火散汞乾超出世，脱然無累自逍遥。

神凝點汞汞成銀，汞點成銀復養神。神養聖靈仍點汞，一番超脱一番新。

火是神兮汞是精，精爲乙木火爲丁。若非己汞親枝葉，誰敢無知汞裏行。

靈臺不敢說清澄，心上猶貪最上乘。鉛鼎有壬今既識，砂池丁火豈難凝。

硃硫自識爲神火，己汞誰知是冷砂。己汞始乾稱白雪，硃硫初結即黃芽。

陳攖寧頂批：神火是硃硫，己汞是冷砂。

鍊丹起手要清真，根本不清枉費神。多少盲燒瞎鍊士，嘵嘵只是講凡銀。

東海火庵藏聖汞，西山泉眼匿真鉛。須向鼎中細分剖，免使爐邊有禍僭。

叮嚀鍊士要防危，最怕人妖暗裏窺。丹室四維懸寶鏡，洪爐當頂覆儲帷。

只恐凡夫意不誠，人心一正即誠明。任教無限妖魔鬼，盡化丹房護法神。

丹房伴侶要同心，伴侶同心可斷金。若是同心人做事，有誰魔鬼敢相侵。

壇場不可近墳塋，古廟神堂雞犬聲。龍抱虎超坐生氣，之玄兩字水相迎。

丹房門户莫當中，坎宅開門在巽風。離震地天山換澤，能依此法自亨通。

竈支鼎立張廉處，鬼盜神偷不可當。伴侶不和時吵鬧，火災官事禍非常。

胡宗明是最凶徒，此處安爐禍不無。寄語丹房掌爐者，莫將微細反心粗。

王文王巨兩星辰，仔細評來總不仁。不若貪狼並武曲，二星之上可相親。

又把二星校短長，雷風水火用貪狼。乾坤山澤偏宜武，便用天醫也不妨。

識得臨爐秘密機，不愁雞犬不隨飛。如今且到龍光寺，看過龍沙即便歸。

禮罷真君即轉槎，閒雲留我應龍沙。不知南國煙霞士，自有龍沙種在家。

自在滕王閣下歸，如今還只掩柴扉。三餐了罷無些事，鎮日窗前寫化機。

柔兆攝提格昭陽大荒落重鐫

宋隱士漁莊洪星橋氏　著　希文範仲淹傳男純仁　編
後學東吳逸民石曼卿　錄　謝季雲　抄　陳攖寧　校評

漁莊錄

題記

此書及黃白直指，皆爐火書中之要典。惜黃白直指鈔本已失落。此書尚有木刻版在金火大成中，而直指則無刻版。道書中另有漁莊錄，皆是空談，並且不是爐火，與此不同。

陳攖寧

漁莊錄原序

宋睢陽隱士洪星橋，別號漁莊，年八十，精黃白術，素與范文正公善。後病，告公曰：「吾善鍊水銀爲白金，奈不能待藥之成。一子甚幼，不堪相附，請以託公。」即以方書一帙，白金一塊，投於公懷而卒。公藏之，及其子長成，乃召而告之曰：「汝父有玄術，因汝幼，故託我。今汝成人，當以附汝。」出而授之，封緘如故，遂名其書爲漁莊錄。

僕初疑爲方士假託之詞，借公爲重。後閱說郛，見宋士所紀，亦有是事，方信其不誣也。

夫外丹之道有二：一爲服食神丹，一爲爐火黃白。判不同途，固不可混認爲一也。蓋神丹二十四品，莫不首採白金爲真鉛，而非礦中之銀；次鍊旒珠爲真汞，而非砂中之液。故曰「神丹一味鉛」也。還丹論所以言「非硃砂水銀可以成丹」者，此也。其理則金碧、石函爲詳，其事則銅符鐵券爲確。若黃白之術，則取資四象，然用其真不用其凡，用其清不用其濁。惟只坎離交感，砂鉛氣結，借假修真，以爲丹基，然後生子轉制，增金進火，交關過度，超神脫胎，鍊至清真虛靈之地，點化無窮。故爐火七十二家，惟漁莊爲第一而易行，視之神丹白雪造化固相雲泥，然亦非世之烹鍊凡質、沾體盜氣者所能測其涯際也。

嘗考歷代名臣傳云：「南都朱某者，與仲淹善。疾革，語仲淹曰：『某曾遇異人，得變水銀爲白金術。吾子幼，今以方藥傳君。』仲淹受之，未嘗啟封。後其子長，教之，義均子弟。及其子登第，乃以所封藥並術還之。」按希文傳叙說爲此，可知事實非虛。不過彼此所紀姓氏之異耳。但是書流傳既久，抄藏者每多互異，其爲盲目方士妄加删改無疑。

今值錦里春回，融日餘暇，檢閱家藏繕本，並所得各家鈔本參閱之，或此有彼無，均非全璧，因擇其詩歌合道者共錄之。更將歌論詩詞别爲上、中、下三卷，倫次昭然。但原刻難遇，余非敢擅改舊章也。但見其言言真諦，語語愜心，不忍使隋珠和璧没於塵埃，而漁莊老人惠嘉來學之苦心，亦足以長垂不朽也。

時同治元年歲次壬戌季春蓉城復初子李保乾識

漁莊錄原序

漁莊錄者，金丹玄語也。先君少時入長白山潛心志學，常與一術士遊。其術士善鍊水銀爲白金，臨終時其子幼無所託，見先君誠篤，囑以後事，將死汞一斤，並其方書投於先君懷中而卒。先君得其旨要，參諸丹經，無不符合，試之果成。但先君宦遊中外，不暇爲此。欲聞於人，又恐驚世駭俗，故還給其子，尚未傳於世也。其子見別人爲此，皆妄相傳授，故再與先君談玄，而因錄其玄妙之語焉。予復爲註疏，以啟後人之愚云。

大宋元祐七年春三月堯夫范純仁序

漁莊錄

宋隱士漁莊洪星橋氏　著
希文范仲淹傳男純仁　編
後學東吳逸民石曼卿　錄

鍊鉛築基訣

造化一起，築基宜堅。薰蒸借火，必透重關。然後置水，漸次徐添。以一配四，等候先天。階梯叠上，重樓乃懸。木火始入，乾父立壇。安金益水，亥銖進焉。開合三見，明月團圓。藥物情性，同類相安。

鍊鉛火候訣

點點滚紅砂，四邊明且淨。葡萄花滚來，如是多圓鏡。芝麻又生蕋，三開三合應。此際好安金，着眼要真正。滴水須明白，將他魂魄定。一銖又一銖，金水方纔正。子母號黃酥，五金皆聽令。八石聞氣死，養砂乾汞並。

金丹直指歌

鍊丹訣，鍊丹訣，仔細對君說。休將凡母鍊枯鉛，先須死到硃砂液。硃砂本是水銀母，砂若不死汞不滅。砂投鉛中是養胎，不採鉛華胎不結。

註云　世人以凡鉛鍊母爲丹基，雖能死砂，未免砂母相盜，混濁不分，難以栽接。仙師因人皆惑於此，不知鍊鉛觀花投砂結氣之妙，故首言「休將凡母鍊枯鉛」，是言不要貪鍊凡母之法，先須死倒硃砂液。液乃砂中之汞也。汞出於砂，故又先須死其母，正所謂「要死八石，還須以八石爲父母」也。大抵鉛中有真金，名「水中金」；砂中有真液，名「硃裏汞」。惟水中之金，可以尅木汞。當二氣交姤之時，能知養胎採取之訣，加以煅鍊，汞到實死之地，纔謂之「真鉛」，謂之「白金」，即丹房之戊土也。**陳攖寧頂批**　戊土即白金，白金即真鉛，真鉛即死汞。

死砂妙訣鉛中覓，採得鉛花砂自結。砂自結□將鉛撇，退盡陰符性猛烈。以母同鍊體□□，□出真鉛甚奇特。神火煅鍊如灰塵，萬化不溶剛似鐵。

註謂 鉛中有先天真一之炁，入池烹鍊，色象自呈，是金華鉛也。鉛非平常之鉛，乃金火鍊成之白金也。大抵鍊鉛觀花，務在不老不嫩，候其炁至，即投以砂。二物交感，則鉛中真氣自能凝結，隨時採取，故曰「採得鉛華砂自結」。砂雖自結，尚染鉛中癸水。水不去而砂不靈，陰不退而癸不盡。如欲退陰除鉛，必須用母同鍊，砂方實死而堅。又加神火煅鍊，悉化爲嚚塵，爲萬化不溶之天晼也，乃可作戊土以養砂。時經十旬，而已土亦成矣。**陳攖寧頂批** 死砂造天晼，天晼作戊土。

半山子曰 白金既死名戊土，可以養砂作己土。但造戊土用母，造己土亦用母。砂既死矣，接至三轉之後，養砂乾汞，聽人自便。且須節節宜酥母以乳之，不可忽也。**陳攖寧頂批** 節節以酥母乳之。

世人聞採鉛觀花之事，遂將凡鉛鍊出花色，即投砂於鉛面，明爐一煅，砂飛汞走，泥於形氣，不足以語微妙。且不知金木交併、驅龍就虎、以母插骨、攝魂追魄之秘，安望成二土以臻神化哉！

養砂乾汞任施爲，再尋乳母歸西舍。真鉛作土可養砂，合母共烹記晷刻。

註云 養砂乾汞，是言天晼養砂亦可，乾汞亦可。然砂既死矣，汞既乾矣，秘鍊酥母以乳之，不惟砂汞要乳母，祖氣亦不可缺。但真鉛養砂，合母共烹，必須菓熟枝頭，乃爲可用。**陳攖寧頂批** 不惟砂汞要乳母，祖氣也要乳母。

砂汞成銀丹基立，生生化化任栽接。接至清真不受煎，自然點化無休歇。不尋這個作丹基，貧窮到老空彈鋏。我今指示大天機，仔細尋思休弄拙。

註云 以戊土伏砂成己土，以己土又養砂，砂死又接汞，砂汞果清真成寶，是爲有神氣之藥。一生二，二生三，生生化化，無窮盡矣。大抵全在栽接得法，而栽接又在識神氣之妙、知超脱之機，乃得到不受煎之地，是「點化無休歇」也。丹頭關節，全在於此。世之鍊鉛者，泥於形體，不知神氣，以凡鉛接砂，以凡銀接汞，悉皆返還，成寶且不能，安望點化乎？不向砂鉛內立丹基，神氣上討路途，而在鍊母枯鉛間用心，於五金八石、霜灰草木上着意，所以到老仍貧窮也，不能一見。今幸仙師指示天機，仔細追尋，勿蹈前轍。

除此之外更無玄，真鉛真土共枝葉。用鉛不用是誠言，莫執鍊鉛誇調燮。若沾半點枯鉛氣，乾汞如綿不妥貼。那時追悔却已遲，枉把前功都廢竭。

註云　先投砂於鉛，採水中之金，鍊作戊土。以戊土死砂，鍊成己土。有此二土，可以栽接生枝。故曰「黑金鍊出白金來」，是真鉛也；「白金鍊極金花開，金花朵朵是黃金」，此真土也。非「共枝葉」而何？但初時用鉛，後此不用鉛。蓋超脱之際，鉛氣不可沾滯。若此時沾一毫鉛體，又滯於陰，雖有己土，不能乾汞。故申明「用鉛不用」之誡，以致叮嚀之意。**陳攖寧頂批**　此處仍言戊土即金花，金花即白金所產，白金即真鉛，真鉛即是第一次所死之砂，即是投砂於鉛而後死者。

鍊丹只是坎離交，更無別藥來相雜。寄語丹房修鍊人，勿捨砂鉛妄漁獵。

註云　此云鍊丹起首只是一砂一鉛，乃坎離交媾正理。若用凡鉛草木雜類，決難制伏而成點化，安望服食乎？蓋投紅入黑，是爲乾坤交；鍊黑入紅，是爲坎離交。此乃□□之妙訣。**陳攖寧頂批**　投紅入黑，是將砂投於鉛中也；鍊黑入紅，是將鉛氣鍊入砂中也。

首言「休將凡母鍊枯鉛，先須死倒硃砂液」。欲鍊大丹，不用枯鉛，而用鉛中之金華；不用砂皮，而用砂中之木液。此乃不得山澤，而弄假成真之妙。蓋以鉛陽投汞火，以汞火採鉛金，時經半晌，以法分胎別鍊，獨將所結之胎，合母共鍊。**陳攖寧頂批**　所結之胎，即是投入鉛中之砂；合母共鍊者，即是合黃酥母共鍊也。　務鍊至堅剛之地，斯爲退盡陰氣，方成戊土，而砂汞任其轉制也。夫木火之凝也，始而得之鉛華，既而尋之乳母。且乳母亦非徒用而已也，必先浴以鉛池，氣足神全，乃爲靈妙。夫如是用以伏汞養砂，接至清真成寶，尚何難哉？蓋欲死砂，必採水中之金，鍊成戊土；欲乾汞，必假戊土所死之砂爲天晥。捨此更無死砂乾汞之藥。故又曰：「真鉛真土共枝葉。」蓋砂汞既死，謂之真鉛。鍊至灰塵，謂之真土。鉛、土之異名，是脫、不脫之所由分也。使無神火煅鍊，則鉛氣猶沾，而砂鉛之液不盡。又須知砂汞既死，若無母氣，不加大火煅鍊，而木汞之胎、硃砂之液，不得堅凝，又安能臻神化之境哉？

水中金歌

人人都說水中金，盡向銀鉛池內尋。水中自有真金氣，何須池內種凡銀。鉛池種母有一說，却與鍊鉛全各別。只因鍊母要通靈，故向鉛中取精液。這個精液不是鉛，鉛內隱隱有先天。若能會得先天妙，方把銀鉛池內煎。煎得鉛枯母氣足，其中自有先天祿。龍吟虎嘯一般聲，採取要知火候真。火候不明空鍊鉛，鉛枯銀折兩不全。堪笑世人愚太甚，枯鉛頑體認先天。

先天自有先天訣，仙師不肯分明說。說破令人一笑間，盡把天機都流洩。鉛池種母非鍊母，將母配鉛成戊土。鍊得鉛枯氣自生，須將此理從頭悟。日紅月白是真機，幾個惺惺幾個知。鉛遇癸生須急採，莫教望遠十分遲。不可太遲與太早，要知老嫩討分曉。採得真金果是真，奇形異狀世間少。母氣得此妙通靈，砂汞借炁不借形。關頭竅妙都在此，不遇真師莫浪行。我今說破這個妙，只恐學人悟不到。砂汞若將枯鉛抱，惹得神仙暗中笑。抱砂若用凡銀養，盡是迷途枉鍊道。

註云　此節論水中金，當與採金歌並參。「鉛池種母」之「母」，與前「鍊母」之「母」，二「母」字雖同，其事實異。但種母乃真母也，真母是採水中之金炁結作丹頭者；配鍊之母乃假母也，假母是世間所常用之寶，不可與真母同日語也。且真母何以得名？因向鉛池結出聖胎，與庶母合鍊，鍊成戊土，力能死砂，故名「真母」。可見，以戊土作天晥死砂，此至切之訣也。但以砂投鉛，採取鉛中金炁，有至妙之火候，不可不詳。大抵池中癸生之際，須令急採。若太早則池中翻騰滚沸，十分遲則凝結堅厚，殊非流戊就己之妙。**陳攖寧頂批**　癸生之際，各書未言，今於此處得一切實證據。所謂「太早則池中翻騰滚沸」者，乃是池中熱度正高之時，此時鉛之表面尚未結皮。若太遲，則鉛面之皮已凝結。再十分遲，則鉛皮漸漸堅厚，而池中熱度又嫌太低。皆非採取之時。然則何謂不早不遲？是必在鉛皮將結未結之際。若火候不真，雖大概相就，彼此情意不洽，安得通靈而立丹基？又安能可與庶母合鍊哉？此鍊真母之法，不可不悉也。今俗士以凡母而鍊枯鉛，抱養砂汞，真炁已散，幾何能成？無怪乎老死丹房，爲造化所笑也。

半山子曰 鉛中有真一之炁，名「水中金」；砂中有清真之液，名「硃裏汞」。以水中之金，制硃裏之汞，二物一交，自然凝結，鍊成戊土，而爲真鉛。此真鉛可以死砂，故又名「真母」也。俗士泥於形質，以砂投鉛，則砂是有形之頑質，投於鉛面，不能入於鉛中，安能相交結胎？此時砂因火煅，砂已飛走，鉛因砂燒，鉛面結一層堅殼，俗士又以此堅殼認爲死砂，投一斤之砂，有二三兩之殼，即妄作丹頭，殊難栽接。自悮悮人者多，可歎可憐。

前採金歌 舊鈔本又名水中金歌。

人人都說水中金，誰識先天真水銀。無象無形難尋覓，深藏北海避紅塵。千方百計搜不起，惟有同類情相親。情相親，只木火，此物叩門纔不躲。素手相攜入畫堂，凝結金漿成玉菓。成玉菓，不用銀，用銀反濁菓不靈。用銀固妙還非妙，獨有木火爲至要。依法虔心追出來，那時方定玄關竅。玄關竅，說與君，誰知木火勝如銀。陰陽交媾大道理，說破之時笑殺人。笑殺人，好奇貨，須憑師指依法作。一池分作兩池行，一爐賓無兩樣火。

先取黑鉛投入池，次次花生光陀陀。光陀陀，池池同，就裏木火爲根宗。一次花生採一次，三次花盡半斤數。四斤黑鉛都鍊盡，金水浮沉從此定。從此定，要分胎，浮者爲真沉者埃。剝去塵埃全不用，請君再鍊休疑猜。休疑猜，是何物，前項金花浮作木。從頭如法入池煎，此際纔分先後天。池中景象雖巧妙，說破不值半文錢。鍊丹人，莫糊塗，砂鉛身上產虛無。者個虛無方住體，片片紛紛金花起。雖然形質超凡類，其時土中還帶癸。鍊丹人，須會意，發付癸水何處去。此意便是鍊鉛訣，我更與君詳細說。詳細說，君須聽，金鉛又入池中烹。此處又有追金藥，不離前番那一着。那一着，用心投，先投庚方第一籌。初時認看蓮花蕋，捉住金蟬在此舉。這金蟬，即似月，庚上初生光皎潔。池中景象亦如然，上弦下弦中秋節。投藥採取有分兩，自少漸多不用講。初三月出藥方生，鉛裏纔添半點明。此時尚有七分水，投藥若多金氣晦。金氣晦，到上弦，丁方消息妙難言。池中恰似半輪月，紅雲捧定天邊懸。認得池中真景象，及時追攝君莫放。君莫放，細細數，依時採取到十五。一輪明月照秋波，黃金盡產中央土。朶朶蓮花映水鮮，只此便是真父母。多虧朱雀海中飛，啣出西方金佛祖。金佛祖，有神通，神火炎炎水面冲。鍊成一塊黃金體，四象五行合爲一。凡汞將來用此乾，一養一鍊經七七。鍊成一味死水銀，請君轉制鑄神室。鑄神室，養砂晲，變化無窮永不休。玉笋金甕從此出，至斯方是大丹頭。大丹頭，且收貯，轉制抽添分嫡庶。配養須依宗派行，莫令中途差接制。神仙妙理水中金，又要死金返成土。土長金芝並玉芝，分明指出長生路。轉轉真機在此篇，逐一條程君須記。不可輕洩與非人，惟恐天雷罰不恕。

後採金歌

人人俱言採金法，那知採金有秘訣。鴻濛未判姤真精，化作萬物超三界。天魂地魄隱先天，兩家之妙出天然。天魂戊，地魄己，流戊就己皆誠語。天魂原是水中金，地魄還是砂中液。怪哉何物是真鉛，無根樹下美金花。水中金出黑鉛中，杳冥裏面覓金公。黑鉛四斤銀八兩，全憑丙叟與丁公。鍊鉛無計是真傳，癸水之內求真鉛。真鉛便是水中金，千萬人中少知音。若人識得水中金，砂汞成銀不費心。水中之金若不識，千舉萬敗徒辛勤。吾今說破真消息，不離銀鉛池内尋。銀鉛池内採先天，浮沉辨別誰知音。天魂已覺是孤陽，地魄須擒匹配當。要知地魄爲何物，辰州姹女合陰陽。砂中之液名己土，不明下手俱飛揚。吾今洩破砂中液，只在砂中求秘密。一斤砂隱不多兒，妙在心傳知端的。戊土半斤己八兩，二家配合灰缸養。越三四七火符功，己土神全誠可獎。青龍伏性着霓裳，難逃己土同黃房。三家相見火功足，修鍊三七何須忙。工夫日足胎傳神，到此方纔用母銀。戊爲丹母己砂液，先天一氣母同親。二三七後丹砂熟，澆淋砂汞扶元神。火符三候悶鼎内，團團排火周天輪。此回出鼎退青衣，還須乳母來相親。火符三候汞離娘，聽過鉛關一度詳。過關之後名超脱，砂中之液休輕洩。一轉丹砂初解脱，始爲初子號黄芽。初子丹砂一轉功，黄芽名號曰真宗。相扶二子爲親眷，一樣施爲超脱同。超脱神符二轉砂，再生三子號黄芽。仍須依次行超脱，三轉功夫實可誇。三子重生四子時，不超不脱始爲奇。不超不脱澆淋汞，試點紅銅似雪肌。四子相看五子功，澆淋逐一莫匆匆。天皖乾汞開茆使，世寶相看一樣同。六子重懷七子全，一澆一遍亦如然。子生孫兮孫生子，子子孫孫玄又玄。七子仍澆换八郎，到此地位不尋常。分明八轉名乾汞，九轉工夫姓氏香。九子任憑八子扶，朝種暮收不模糊。就中一見黄轝出，服食延年膽氣粗。

有炁無質歌

先天有炁原無質，故向後天質内尋。兩般交姤爲夫婦，採出真金始有形。要知浮沉顛倒妙，龍吟虎嘯一般聲。奇形異狀妙莫測，不知既未藥不生。老則太枯嫩則散，有時採取月出庚。清輕有氣方可用，重濁無神藥不靈。三翻鍊就九陽數，朱雀又與龜相爭。若非真水制真火，百鍊千燒總不成。真金體變如黑漆，堅剛似鐵砂汞凝。砂汞既死號真土，硬子晥兒皆異名。識得天晥不會鍊，徒勞枉看諸丹經。有人會得者個妙，火裏蓮花日月生。我今洩漏此真訣，莫向人前逞聰明。

一父二母歌

一父二母尋常理，庶母莫與親娘比。懷胎產我是親娘，乳哺養我別家母。請問那個是親娘，生在離宮配坎郎。因他兩個和諧後，產下嬰兒在震方。親娘羸瘦少精神，故尋乳母來養成。教養成人同一父，三個一樣恩愛深。世人不知真父母，誤把凡鉛爲宗祖。誰知辰州是祖家，姹女嬰兒同一處。**陳攖寧頂批**　「辰州是祖家」，據此則所謂「祖」者仍是死砂變爲真鉛，而不用凡鉛也。認得兩個母分明，自然母聖胎亦靈。若將庶母爲真母，何時養得嬰兒生。

註云　一父者，戊土鉛父也；二母者，己土天晥爲真母、兑金凡銀爲庶母也。長子先受氣於戊土，次養胎於己土，故曰「懷胎產我是親娘」。砂出土匱，燒試無煙，方付黃庶母乳哺，故曰養壯我別家母。己土親娘，是以砂配戊土，經多少溫養煅鍊，栽接工夫，然後成就。漁莊以配坎和偕兩白了之，學者不可不詳究也。前解云「種母爲真母」，乃是白金聖母。丹頭鼎器，不在此二母之列，若不得真師口訣，求其藥品分明者，鮮矣。

四象配合歌

河圖洛書數居五，四象都來會合中。莫將南二配西四，休將北一配三東。三東自與南二合，北一西四與五同。一陰一陽成配偶，失却陰陽丹不成。以西配南銀必耗，將東投西藥不靈。砂汞自是一家物，銀鉛豈是兩家親。認得四象真配合，龍吟虎嘯洞房春。

真鉛真土合妙歌

鉛入鉛中錬，鉛鉛不相見。鉛出鉛中錬，鉛鉛不相戀。入坎定玄鉛，玄中鉛氣現。用玄不用鉛，用玄鉛色變。鉛受鉛中精，我奪先天氣。鉛生五彩光，我在光中戲。不沉亦不浮，黃金黃穀應。鼎裏求其真，自然清濁定。

五言歌

可笑真可笑，□□□日了。可笑學道人，都迷這個竅。離女配坎男，□有顛倒妙。只在片時間，錬出黃金藥。牽將白虎來，伏倒那朱雀。打破太虛空，此道便了却。若要水銀死，先須死其母。真母是硃砂，砂死爲真土。硃砂變色紫，方是水銀死。從此不能飛，丹成只在此。若要水銀死，先須死水銀。水銀若不死，如何死水銀。

金丹破迷歌

近世人多學慕玄，慕玄那識這真鉛。池中造化分壬癸，水裏金花五色鮮。
莫將礦子作枯鉛，費盡枯鉛萬萬千。真土原非渣滓物，欲尋真土只先天。
丹門一等取鉛煙，喚作虛無戊己全。此土若能乾得汞，人人都會做神仙。
又取鉛及號水金，火中煅鍊定浮沉。盲燒瞎鍊丹難就，費盡家財枉用心。
硃砂殼子是枯髏，又號天晥戊己謀。此土謀來何所用，後天質物不勝愁。
丹門不知有多般，不識真鉛汞怎乾。若要汞乾無別藥，陰陽池內火休寒。
陽池金水兩平均，說到能知有幾人。及至水乾池又破，母銀耗折少精神。

外丹何處是陽池，黃白丹書直指之。寄與丹房燒鍊客，一分陰在未爲奇。

未鍊陰池先築基，築基要識癸生時。錢唐潮浪君知否，金自高兮水自低。

癸生原是美金花，不是金花葚不佳。識得金花忙下手，一輪明月照南華。

先師至緊說真鉛，鉛內埋鉛煎又煎。可笑丹門皆厰口，如何伏得這鉛煙。

丹門厰口果呆癡，烹鍊工夫有妙機。妙在真金微露處，池池急採莫教遲。

金花原即是先天，識得先天火候玄。妙在這些真液氣，仙師明說一晥煙。

精氣理論

經曰：「至精發於坎，抽坎中之真陽爲鍊精；金氣產於離，補離中之真陰爲鍊氣；元神具於土，合坎離而成乾爲鍊神。精不得氣則不出，氣不得精則不住，神非精氣凝結則不靈。砂爲庚金，與鉛交則爲兑金，脱胎則爲乾金。凡接砂不分先後，將接出之砂即用爲母。接生砂甚易，如頭砂四兩，二次即有六兩**陳攖寧頂批** 此乃二抱一，三次即有九兩，脱出子銀，即可作母。」又云：「以砂投鉛，不必泥三次、五次、七次、九次，投愈多愈妙。」**陳攖寧頂批** 投砂於鉛之次數，愈多愈妙。

蓋精者，精也；坎者，陷也，兩偶而一奇也，即人身口、耳、鼻各有竅也；抽者，周也，周流坎中之精而使不凝滯於濁也；離者，麗也，兩奇一偶也，即人之氣海也，因去臍有間，故以離名，位居洛書之南、河圖之東，日出而人事起，迎春而萬物生者，皆是氣也；補者，部也，按其部位而補之，以至於日熱之地也。坎本河圖之西、洛書之北，萬物成於秋而生於冬者，神動神靜之要樞也。而神具於土者，萬物至西秋而神交、戌月而互根，爲超神接氣也。九月天地一靜之期，坎離交姤之時，河圖之艮、洛書之乾，人身之精氣神凝聚之府也，故曰「合坎離而成乾」也。「不出」「不住」「不靈」者，便無神。無神則氣何由攝？無氣則精何由生也？

砂者，撒也，種也，所謂「一粒真種子」也。庚金者，甲木也。乾納甲，甲者乾之長子，即震木也。震納庚金，甲殼中之米仁也。與鉛交則成兑金。鉛者，姦也，男女交媾之義也。十月之位，亥也。亥者，咳也，男女交媾而有聲息也。成兑金者，兑，悦也，兩情懽悦而開口也。脱鉛則成乾金者，甲木入土，根亥巳長，則脱男女交媾之姦而離亥地也。十一月，子月也，洛書之坎位、河圖之坤位也。是其苗已放，而兩莢大開，猶是黃金嫩色，故曰「成乾金」。乾納甲木，坤納乙木，坎居坤位，與離對照，子午相交，離又與乾處，如父母初生之赤子，尚是純陽之體，故猶曰「乾金」，如甲木之揚花已臨午位也。

接砂不分先後者，接者，繼兒也；先者，已成之仙；後者，未成之仙。赤子即嬰兒也。言進工之後，繼此一粒真種子者，自有神仙作緣，到此地位，不分天人也。將接出之砂即用作母者，言既超神接氣，而接出此真種子也。甲木已變而爲乙木，乙木又生甲木，所謂「一種下地，萬石歸倉」也，故曰「用作母」也。接砂甚易，繼此不難也。不必乾汞更靈者，汞者，甲木之水珠也，言不必古古板板裝成道學色相，如乾之老陽也。蓋造化無動非靜，無邪不正，何必疑其爲露珠也哉！後俱極易曉，更無庸贅。

真假父母論

金生水，水中自有真金，故用真金，不用凡銀；木生火，火中自有真汞，不用凡汞：此鉛汞相投之機，乃坎離交姤之妙，由水火而得所藏之金木也。鉛藏真一之氣，妙於無象；砂含真一之精，露於有形。形乃後天可見，氣乃先天不可見也。故借後天之有形者，以採先天之無形，始得形神俱妙，與道合真，故真鉛一名「真土」。且真土有名而無位，寄旺於四時之末。萬物無土不生，丹基無土不立。下手功夫，若無真鉛，則無真土。既有真土，便棄真鉛，只用真土死砂，砂死方能乾汞，然後借西方兑金以爲乳母，計日哺之，自然成寶。

須知凡銀非真母也。以死砂言，戊土是砂之真母；以死汞言，己土是汞之真母。丹道只用砂汞變化，不用凡銀栽接者，何也？蓋砂汞乃八石，銀鉛乃五金，五金不爲八石之父母，要死八石，還當以八石爲父母。故曰：「燕雀不生鳳，狐兔不乳馬。若無真父母，所生都是假。」

所謂「真父母」者，死砂汞是也。但初時無真父母，難尋真土，只得借凡鉛爲用，投砂於内，以求真土，豈又長用凡鉛？故曰：「用鉛不用鉛，須向鉛中作。及至用鉛時，用鉛還是錯。」至哉斯言，不可輕忽。但看河圖配合之數，其理自明，勿得妄傳以誤後人。

註云　砂投鉛池結胎，雖號真鉛，而未經超脱，形神尚滯於滓渣，不可名真土。**陳攖寧頂批**　砂投鉛池結胎，雖號真鉛，但未經超脱，不名真土。必須合母烹鍊，使形質堅剛，以至如灰如塵，方成真土，又爲戊土。以此戊土養砂，砂死又爲己土。加以栽培博厚，此砂又能乾汞。須知二土是爲真母，當真母力竭之時，又必借靈粉母以哺之，方能氣足神完，可以轉接。此實丹房之秘訣，至成寶乃其餘事，不足爲奇。

鉛汞論

伏羲先天八卦乾南坤北，因陰陽交姤之後，乾體破而成離，坤體實而爲坎，故文王後天八卦離南坎北，蓋以離代乾、坎代坤矣。此非聖人本意，乃氣交之變如斯，不得已而配之者也。故內外丹道，事雖不同，其理則一。丹經云「取將坎位中心實，去補離宮腹內虛」，乃以後天而還先天，變離爲乾、變坎爲坤也。外丹之理，與此相同。採鉛中之金氣，去死砂中之木液，不過二物交感而已。金木雖位在東西，而真金真木，已藏於南北，故起首之法，只用南北，不用東西，正以四象藏於砂鉛之內，故用其二而棄其二也。

陳攖寧頂批：起手只用南北，不用東西。

其間玄妙，人所難知，乃世人將凡鉛凡砂燒鍊，明爐化鉛，投砂鉛面，以致砂飛汞走，破家蕩產，老死無裨，而曰丹道悮人。嗚呼！道豈悮人，人實自誤耳。我今說破玄機，指示坦途，慎勿妄聽盲師，流入曲徑，反將易簡大道視爲荒唐虛語。如果心開智慧，識透玄奧，恰似以米炊飯，何難之有？

且以丹砂之理言之。砂乃汞之真母，若要死汞，先須死砂。砂之性易飛走，須用不飛走之物制之。鉛之性本沉重，若非沉重之體，焉能擒住飛走之物？此自然之理也。且砂屬火，爲離女；　鉛屬水，爲坎男。以水制火，火無不滅；　以女求男，男必相從。況先天真一之氣藏於黑鉛之內，後天真一之精包於硃砂之中，以砂中之汞，投鉛內之金，精炁相交，靈苗乃結。今人不明其理，以凡鉛配汞，以凡銀養砂，正如以男從男、以女妻女，雖有蘇、張之舌，決無合歡之理也。可見丹道之要，全在陰陽得類，自然交感，自有化生。但生人之道，以男求女，金丹之道，以女求男，女反在上而爲主，男反在下而爲賓，顛倒陰陽，逆施造化。**陳攖寧頂批**　女在上，男在下。故曰：「金公脱却皂羅袍，姹女便來交素體。」兩情交合，鍊氣採精，只在片晌之間，結就靈胎，乘時採出，夫妻各自分離。**陳攖寧頂批**　交合只在片晌之間，結胎後採出，夫妻各自分離。只有聖母懷胎，再配庶母，加以煅鍊，氣足胎全，是爲真鉛，一名「戊土」，自然可以養砂生子。

大抵外丹之道，與凡胎自覺不同。真母雖能生子，不能乳哺，必須送與西鄰之母乳哺抱養，方可成人。成人之後，別爲取妻生子，子又生孫，無休無歇。是知丹基初就之時，只用砂鉛配合，加以温養。聖胎既産之後，必須靈母乳哺，加以烹鍊。但不可認庶母爲真母。真母只是真鉛，真鉛乃可死砂。砂既真死，任憑死汞，四象五行，何者不全？要知全在後天而生先天。始則二氣交感，終則四象俱備。但以砂投鉛，採藥之際，火候景象，不敢細陳，妙在真師口授。有緣遇之，切勿輕忽。

今幸天不愛道，地不愛寶，余不忍自私，故留此策以示後人。如後人難遇真師，將此書三復而玩味之，勿恃自己聰明，依書中之訣次第而行，自車之指南，可免歧途之惑。

註云　此節言以砂投鉛，不過二物交感而已。交謂交其體，感謂感其氣。造化之始，只此砂鉛交姤。除此之外，別無他物。砂鉛既結，依法採出，反復鍊老，是名真鉛，可以死砂。有此死砂作土，又可以乾汞。是知乾汞非天晄不可。蓋晄爲真母，汞爲嬰兒，母子相見，精神氣味自然感召。況以母產子，於理亦順乎！

半仙子曰　砂鉛相交之時，始則砂在下而鉛在上，終則砂在上而鉛在下，此爲顛倒陰陽、逆施交感。**陳攖寧頂批**　始則砂在下、鉛在上，終則砂在上、鉛在下。且要先曉池中鍊氣採精之妙，不過片刻工夫，而藥之基立矣。**陳攖寧頂批**　始終不過片刻工夫。或加以溫養，或乘時採出，將母與之合鍊，火候煅鍊不差，而真鉛之工成矣。此聖胎氣足，可以伏砂，砂死又可以乾汞。日足離母，再用庶母乳哺，自然可點化。古人云：「丹基初就之際，只用砂鉛，既產之後，亦須乳哺。」此是不易之言。

藥物真假論

有客問曰：「丹房藥物何者爲真？何者爲假？」

答曰：「山澤銀爲真鉛，硃裏汞爲真汞。世無真山澤，雖有難得，故將出山有氣之鉛煎鍊，投砂於內，看其火候，採取真氣，反復制老，可以死砂，亦名真鉛，亦名白金。**陳攖寧頂批** 白金出於砂中。投砂於鉛內，採取真氣，反復制老，即名真鉛，亦名白金。 所謂借假修真，豈非山澤之類乎？除却山澤，除却鉛中死的硃裏汞，諸般藥物，畢竟是假。」

客曰：「山澤中有銀鉛而無砂汞，硃砂裏有木汞而無銀鉛，二物不同，何故一般作用？」

答曰：「山澤乃是仙銀，此物伏砂最靈。若以砂投鉛，採得金氣，制成戊土，去仙銀不遠，故亦通靈，足以死砂，可比山澤而爲真鉛也。」

客曰：「人有將凡銀凡鉛共鍊，取鉛中真氣，似亦可比山澤。何故世之用鉛鍊銀者，百無一成？」

答曰：「山澤真鉛，却是鉛精汞髓，世間凡銀乃是頑物，安可比有氣之真鉛作用哉？蓋見形者不可用也。所以將凡銀者，無一可成。」

客曰：「凡銀既不可用，丹經何故云『無寶丹不成』？」

答曰：「此非世間凡金凡銀，乃先天之鴻寶也。若無鴻寶，則金丹無望。故曰：『無寶丹不成。』世久無鴻寶，仙師不得已而用凡銀。但凡銀固爲寶，起初鍊氣不鍊形，亦不敢用。當砂汞既死之後，可以鍊形，乃用凡銀，以傳金炁，可使砂汞體堅而成寶，故曰『鍊丹須用寶』。此乃砂汞鍊形之妙用，非起初採藥之丹基也。若初時即以庶母伏砂汞，則沾滯不靈，故云『無母不成，有母不靈』。不辨真假，不明先後，到老無成。」

客曰：「曾見世間有等方士，用砒硫草木灰霜等物，亦可乾汞開茆，是何道理？」

答曰：「旁門小術最多，總不如以砂投鉛，結出聖胎，爲最上一乘也。」

客曰：「採鉛内之金，鍊爲真鉛，不知此真鉛亦有點化否？」

答曰：「點化之妙，全在明超脱之法、清真之極。如以白金真鉛爲戊土，可以死砂。而砂死作己土，栽培得法，又可以伏砂乾汞，接制明白，養到九轉不受煎之地，便是形神俱妙，出有入無，自然大有點化之妙。」

客曰：「砂死接制到點化，別有玄妙否？」

答曰：「不知玄妙，安能清真？節節次次，都要口訣，不得真傳，縱能砂汞成寶，亦妨返還。」

客曰：「既恐有返還，何法制之？」

答曰：「經云：『藥即是火，火即是藥。識破坎離，大道了却。』」

客笑曰：「斯言至矣盡矣！」再拜而去。

註云　此節言山澤銀既不可得，必須先以砂鉛相交，採鉛中之金炁，以死木汞，而爲真鉛。弄假成真之妙，無過於此。所以起初欲超凡質，故當鍊氣不可用形，其繼以真鉛養砂，砂死欲成寶，不得不借凡銀庶母之形，以攝鉛炁。若求點化，必轉至不受煎之地，方臻其妙。而大藥之成，安能捨神火也哉？仙師傳神丹服食，只此是真，餘藥皆非。然爐火之術，頭緒甚多，不止一家，若得真師傳授，皆臻點化。知得「清真」二字，即一貫宗旨，點化筌蹄。於此不明，而曰養砂乾汞，徒知鍊鉛投砂，泥於形質，皓首窮年，終無一成，是可歎也！

用鉛不用鉛論

金穀歌云「用鉛不用鉛」，此一句是設問之詞，後三句「須向鉛中作，及至用鉛時，用鉛還是錯」是應答之詞。此四句說得極好。既曰「須向鉛中作」，便是用鉛也。又曰「用鉛還是錯」，却是不用鉛。蓋言用鉛者，用其真炁；不用鉛者，棄其形也。何謂用炁？此氣不是鉛煙，以砂投於鉛內，取鉛中之金氣耳。不用其形，將謂無形，却又有象。蓋此是太極虛無之炁。先天地而生炁，後天地而生形，天地萬物皆由此炁化化生生而無窮也。大抵黑鉛之中原有此一點真氣，是以煎鍊之際，如陽春發生之機，生於無形，露出有象，杳杳冥冥，恍恍惚惚，如金花聯發。此乃先天真一之炁，被火力逼鍊而後見耳。此時急用採取之法，投以木汞，立就丹基。所謂「須向鉛中作」者，此也。既得鉛中真炁，以法分胎，去鉛不用，只將受胎之母，準作真鉛。其實非鉛，乃得炁之死汞，呼爲真母耳。如父精母血合而爲一之後，只用其母，不用其父，故曰「及至用鉛時，用鉛還是錯」。蓋生人之道，母既受胎於父，則懷胎十月，皆母之功。若胎在母腹，再與父交，反損其胎，何益之有？悟破此理，則知真母不是凡母，彼用凡銀抱砂汞者，萬無一成。即久鍊枯鉛之輩，亦與鍊凡母者同輒，固可哂也！

註云　以砂投鉛，相時採取，結出靈苗，又以法分胎，去鉛不用。但此時木汞，雖得鉛之金精，其胎已沾鉛之陰氣，如何得脱？且其胎尚嫩，如何得老？是必再進神火，退盡陰魔，復同庶母合鍊，乃得體堅質强。如嬰兒初產，一經乳哺，乃可漸漸成人也。故曰：「鉛池種母非鍊母，將母配鉛成戊土。」

陰陽得類論

經云：「竹破還須竹補宜，抱雞當用卵爲之。」蓋言得類也。又曰：「燕雀不生鳳，狐兔不乳馬。」言不得類也。要知大道不外一陰一陽，陰陽即坎離。坎男離女，得類也；

若金火相配，不得類也。鉛虎汞龍，得類也；若草木養砂，不得類也。知乎此，用真鉛配砂，可也；以凡銀制砂，不可也。用金木交併，可也；以砂投鉛上，不可也。俗人往往將鉛鍊銀，以銀養砂，此皆不知類。類且不知，何能知道？後學者宜詳辨之。將砂投鉛中，須明火候之寒温；用戊土配砂，務分多少之適均。故作得類章以示將來，使後學者知同類之理至簡至易，庶不自悮。

註云　非類之事，正文已明。同類之機，尚宜分剖。如俗人將鉛鍊到日紅月白，即以砂投鉛面，猛火一煅，汞走砂飛，此非類也。惟以驅龍就虎，其法最真。能知潭底日紅、山頭月白火候，即以二物交姤，採取鉛中金炁，金木交併，乃爲得類。交姤之後，聖胎已結，從此分胎，去鉛不用，反復制老，是名白金，又曰戊土。

五行虛實論

坎水離火，震木兑金，戊己土，是謂五行。自後天而言，五者皆實；自先天而言，五者皆虛。後天滯於有象，先天妙於無形，是以金丹大道，用炁不用形也。故砂汞雖有形，遇火則飛走，形無其形。蓋外丹妙用，全在砂汞變化，而銀鉛不與焉。銀鉛雖有炁，而形氣不能兩存，氣耗形存，不免滯於有象，所以不能變化，故丹家借其炁而去其形也。氣化之妙，非精通造化者，不足以語此。乃世人燒鍊，多用銀母鍊枯鉛，以爲丹基。然二物既滯於有形，而又枯其形以滅其氣，又將何以爲丹基？丹豈有形之物乎？不知形炁，不知虛實，只用後天而棄其先天，無怪乎老死無成，白首丹房，徒自悲窮而已。

有等丹士，頗知用氣之法，不得師傳，盲燒瞎鍊，巧立丹爐，奇設竅妙，將砂懸於消息爐上，下用神火鍊鉛，取鉛中黄煙，而行薰蒸之法，以此爲得先天之炁。噫！何其愚也。天地間，惟理與炁而已。形而上者謂之神，形而下者謂之炁。炁以載乎理，理以行乎氣，氣與理一而已矣，皆不得而見之也。惟木汞與鉛中之金炁相合，借火力以爲造化，似陽春發生之機，二氣交感，鼓出真象，恍惚有形，杳冥莫測，鍊無爲有，化炁成形，結就靈根，方纔可見。而其所以然之妙，則不得自用聰明也。

真鉛者，乃水中之金，硃裏之汞，本陰陽二氣交感而成，非孤陰寡陽所能凝結者。除此真氣之外，更無奇方妙藥可以爲死砂乾汞之真種子也。有等聰明之士，頗知其理，雖識用天硫，却不知死天硫之法，以銀母鍊枯鉛，豈知真氣全無，死物安能成道？是皆不知先天之旨，誤以後天而認作先天也。

噫！旁門小術，種種難成，只爲不知虛實有無之至理耳。故作此論，以救迷徒。有緣遇之，幸自珍重。

庶母鍊形論

「西鄰乳母體氣虛，須歸鉛祖鍊黃酥。正室嫁他吾復嫁，將乳嬰兒體自肥。」此言凡銀先天之氣寡，須與黑鉛共鍊，以補其炁。鍊至癸盡壬生，黑盡白現，亦如砂之採花，浮沉於水鉛之中，令其飽沃鉛精。鍊完凝定，纍纍如釋迦頭上金珠者，所謂得氣之庶母也。如此九池。又將庶母與金胎同鍊，使之精足陽滿，色變庚黃。經云：「要知鍊母法，陰陽池內尋。」蓋陰池者，所以消真鉛之陰；陽池者，所以鍊凡母之陽。總之，彼去我隱，我助彼陽，互相爲益。經云：「若是九陽功不到，却從何地起丹砂。」又云：「前九後九天然數。」其斯之謂歟。

註云　此鍊庶母之法。以凡質入世太久，參銅和鐵，絕無先天真氣，故曰「西鄰乳母體炁虛」也。蓋銀本產於鉛中，故先用鉛鍊之，以補還其氣。然又必歸真金鉛祖同鍊，方能體變黃酥。經云：「黑面相公文滿腹，妻妾相隨坐金屋。」相公，鉛父也；妻，指砂，正室也；妾，指銀，即偏房也。又云：「長家之母精神倦，特娶偏房供飯饌。」蓋砂既育子，其體羸瘦，不能自乳，故必賴庶母乳哺之。然庶母必體實氣壯，兒方能飽食其乳，所謂「母壯兒肥」也。

真鉛論

採得白金，則名真鉛。再進神火烹煎，則陰癸自然退去。制成庚金，與凡銀同鍊，則銀體自然黃酥。即以此共養砂汞，則砂汞自然降伏。丹房得此真鉛，任從施爲，無不如意。

築基

築基先要明橐籥，橐籥規模本在先。不知橐籥鉛難種，種得鉛來始可全。

訣曰：「橐籥堅厚，方可種鉛。」

死砂

死砂全要識天硫，天硫原是砂汞留。認得天硫真死汞，砂鉛相見結丹頭。

訣曰：「硫伏硫兮硫伏硫，硫擒砂死去其硫。死硫制砂砂制汞，鍊成白雪大丹頭。」

鍊己

硃砂伏死入土池，名爲鍊己是根基。若要鍊時鉛可種，砂鉛匹配兩相宜。

訣曰：「砂汞見火即飛，若不先伏其氣以降其性，終是耗散，難於結胎。須採金花以制之，庶免飛走。」

結胎

鉛盜砂兮砂盜鉛，砂鉛相盜結成丹。其中隱有陰邪氣，必須再過火符關。

訣曰：「砂鉛相盜，恐含癸水在内，必須丁公急戰，以行火符。要得龍吟虎嘯，方纔陰盡陽純矣。」

退陰符

金半斤兮火半斤，金火結成共一斤。只恐水多退不盡，全憑火候滅除陰。

訣曰：「金火結成白金，其質不剛，餘陰未盡，必須再進神火轉制，方成妙藥。」

進神火

脱去黑袍衣白袍，紅爐火内再三邀。鍊除陰盡陽純候，金粟松花滿座飄。

訣曰：「真金出黑鉛中，爲白金，必再運神火，九池煎鍊，採出庚金，方配庶母，鍊成戊土。」

坎離交媾

四般藥物不難尋，惟□坎離二物親。夫婦結成鸞鳳友，生子生孫孫復孫。

訣曰：「砂鉛結胎之後，自有許多變化，生生不息。」

真土真鉛

鍊丹須是覓真鉛，假若無土丹不全。煅到形神俱妙處，真鉛真土總一般。

訣曰：「聖人不得真鉛，故借有形者以鍊無形，强名真鉛。既得真土，便不用鉛，故曰『真土真鉛一般同』。」

戊己二土

戊土本是鉛中精，己土名爲砂中液。點化全憑己土功，戊土不過權借力。

訣曰：「養砂乾汞，全賴己土之功。」

見寶濟貧

養砂乾汞妙在己，生生化化實無比。若要見寶未濟貧，更須再求西方母。

訣曰：「己土養砂乾汞，不必强求成寶。若要濟貧，再求西方庶母之乳之。待其氣足，方見妙用。」

接砂

死砂要去接生砂，先把生砂製到佳。必待生砂無煙燄，還從根上覓金花。

訣曰：「生砂制去煙燄，方不傷母。金花者，同類之物，即先死砂之物也。」

接汞

汞接汞兮世罕稀，須從母腹內求之。九一二八真接法，三七四六是仙機。

訣曰：「母腹者，砯裏汞也。凡汞不可用也。」

轉制

汞接汞兮砂接砂，子歸母腹實堪誇。養得嬰兒稍有力，方纔離母去乘槎。

訣曰：「砂汞接制，不可見母，須要入祖匱温養九日，培養炁足，方可見母也。」

過關

砂汞成銀要過關，若不過關是枉然。終含陰氣難栽接，白不白兮藍不藍。

訣曰：「兒行見祖，重覓鉛精。」

過渡

請問過渡是如何，轉轉功夫煅鍊多。任他生砂與生汞，翻身同赴上大羅。

訣曰：「子體仍歸母鼎。」

汞死成銀

三家相見汞銀晥，閉鼎重封要固周。八十四時文武足，遊魂變作白獅頭。

訣曰：「遊魂者，汞也。配合如法，一鼎鹽泥封固，文武七晝夜，取出過鉛關，方能成寶。」

六神伏尸

六神性毒好驚人，捍禦絪緼難近身。煅鍊超神能點化，安民富國盡和均。

訣曰：「六神者，硼、磠、砒、硫、雄、雌是也。煅而制之，可以超神，輔砂汞而成點化。」

大丹成

立綱成紀在當初，倒出頭來萬緒鋪。生生化化任栽接，毫釐開點蓋黃都。

訣曰：「大丹只怕頭難倒，倒得頭來不自由。到死此地位，千頭萬路，任意分張，故曰『有人制得水銀死，位列三公也不爲』。」

鷓鴣天詞

土池用厚匾磚深，灰鋪池底上圍屏。先將真鉛來種下，武火加功煅鍊清。電光閃，月色新，臨爐採藥要留心。隨把硃砂投入内，片時煙盡棗花生。

土池，即硬池也；用厚者，防鉛尅也；匾磚深者，言不可太深也；灰鋪池底，易於滲癸水；上圍屏，使火勢不散也。先種出山有氣之真鉛，大火煅鍊，鉛沸烝騰，俄見電光閃灼，月色清新，正是藥生之際。留心察其老嫩，隨投木火於内，霎時木火煙盡，棗花生於池面，而胎結矣。

初入陰池去養神，冷鉛熱火暗薰蒸。三十六宮□□足，用釜溶鉛判濁清。清上浮，濁下沉，龍吟虎嘯一般聲。寄語丹房燒鍊客，莫將金粟認不真。

將前所鍊汞鉛入鐀，養火三周，然後提上明爐分胎，則清藥自浮，濁質自沉。斯時如龍吟虎嘯，分出清藥，與金粟松花無二。

再投神火鍊精英，此中配合要分明。莫謂羣魔難剝盡，陽烹陰鍊一般情。龍寂寂，虎無聲，一七三朝火要均。端的無人知此意，陰盡陽純乃是真。

此言分出之金，須投神火煅鍊一番，乃能陰盡陽純。

採得水中金半斤，陰陽池內兩翻騰。明爐煅鍊須牢固，母子相涵烹又烹。銀下降，金上升，周天度數要分明。不遇明師休胡弄，毫釐差錯藥不真。

此言進火祛陰之後，須配兑金入陰陽池，三翻煅鍊，形體乃得堅剛。周天度數，即三十六時。再能知吞吐之機，則真藥得矣。

銀皖與汞共合匀，三家相見結姻親。送歸乾鼎牢封固，一頂三方火半斤。中間隔，外調停，温温得火莫粗心。八十四時文武足，自然汞變雪花銀。

丹房如得真鉛，可以轉制砂汞。然制砂之法，始則砂鉛配合，封固温養，繼則明爐插骨，三家並鍊，方可養砂乾汞，以爲接制點化之本。天機至重，得者慎勿輕洩。

四般藥物不難尋，無過砂汞與鉛銀。五行四象全憑土，土要真兮火要真。砂鉛配，汞銀停，鍊成大藥號真金。將金制木非常妙，如猫捕鼠兔逢鷹。

此真土，乃是鉛中真一之炁。仙師以砂中木火投於出山有氣鉛内，誘出潔白晃耀之辛金。以此辛金作鼎，而用青衣之女，引紅繡之娥。觀其池中一陽發生之際，須令分爻採取，紅黑間投，謂之「朱雀奮翼火燒空，真鉛海底金光噴」者是也。夫所謂辛金者，壬水與丁火妙合而結成之形也。若夫庚金，神水與神火妙合而露出之色也。辛金體變輕黄，則名庚金。有此庚金，必須庶母，鍊成戊土。以此戊土，特伏硃砂。而砂死，亦用酥母，鍊成己土。戊己二土，即是大丹之頭。要而言之，乃是以鉛中白金死木汞，以木汞死丹砂，由此乾汞養砂，如猫之捕鼠、鷹之捉兔，何難之有？

人人都説水中金，盡向銀鉛池内尋。誰知全賴金火制，金半斤兮火半斤。一晝夜，十二辰，風火連天莫暫停。太上老君分明説，鍊鉛如粉又如塵。

先天一炁産真鉛，不用凡鉛却用鉛。藥生鐺内爲真土，土生金炁乃成乾。金産出，賽琅玕，識得乾金鍊八還。惟有真土相制伏，水銀一見自然乾。

二八配來加二八，微微火上燒成丸。要死水銀爲至寶，爐中養火莫令寒。到此際，有何難，好將鉛汞仔細看。許遜真君曾說下，不死天既汞不乾。

鉛裹有既既裹鉛，既既相制兩相煎。裝成一鼎牢封固，安下陰爐莫令偏。朝進火，暮加添，周完二七火力全。再將明爐來鍊出，體如黑漆又剛堅。

誰道河車不是鉛，無鉛怎得水銀乾。若人識得用鉛意，立時乾汞有何難。銀汞配，打成團，晝夜將來鼎内關。文長武短功完足，汞若成銀火□寒。

凡母從來未必真，砂鉛鍊出自然神。砂堪煅鍊憑鉛氣，銀出鉛枯號水金。水中金，體猶頑，再向明爐大火煎。再飛再鍊經三日，輕如窗塵體自堅。

明爐火裹好經營，若要法財向内尋。燒得汞既堅似鐵，鉛池煎出雪花銀。配一次，養一程，五六歸來三十辰。只須一兩金花母，一日一錢不費心。

鉛琉田裏好生涯，種下青苗便長芽。水火栽培無損耗，收來煎出上銀花。浮爲寶，沉爲渣，豐衣足衣濟貧家。有人問我躬耕事，執杖而芸笑答他。

鉛火交加土作基，南離火望北方飛。取出花來炫目炯，果然獨異世間稀。制金氣，少人知，臨爐機中有一詩。誰知真氣宜先種，先種凡鉛入土池。

木紅金黑是丹頭，紅黑兩物實難修。解得紅精並黑髓，自然金木兩相投。紅易取，黑難收，幾人悟得幾人留。若能紅黑人都會，世上神仙似水流。

堪笑而今燒鍊人，盡將凡母養水銀。凡母若能養得死，人世金銀似土塵。銀作骨，鉛鍊形，銀鉛相鍊汞成銀。奉勸道中方士客，莫將妄弄致家貧。

水銀實死不離鉛，鉛鍊水銀體自堅。再把金花來作骨，自然魂魄得完全。妙又妙，玄更玄，採得先天並後天。胎氣足時金自現，神仙口訣不輕傳。

烹精鍊氣玄又玄，造化能明許鍊鉛。不識真鉛至妙理，若無五彩亦徒然。鍊鉛汞，在心傳，須向鉛内採先天。若是執迷心不醒，誤人誤己誤後賢。

首尾全吟

要死硃砂先死㼛，死㼛便是大丹頭。丹頭不是尋常藥，投汞採金第一籌。

砂中之液爲黄㼛，木汞是也。欲制此汞，須伏鉛内金氣。先投木火於鉛池，採出水中之金，用母反復制老，方成天㼛。有此天㼛，即可以死砂，故目之爲大丹頭。

天㼛原是硃砂精，莫把砂皮認作真。識得死㼛真妙訣，須知不是等閒人。

此言天㼛不是砂皮，乃砂中之木火，被鉛制死，力能伏砂。工夫玄妙，非有仙分者不能。制之若何？曰：以汞投鉛，鉛裏鍊銀，是求戊土。

鍊鉛不是鍊枯鉛，鉛若枯時氣不全。須把硃砂爲配合，夫妻兩個結姻緣。

凡人鍊鉛，徒枯其體，此乃無用之物。惟以木汞投鉛，採鉛中金氣，方爲陰陽交感、流戊就己之妙。

砂中木火號紅鉛，紅黑相投玄又玄。鉛裏先天誰個識，紅鉛實死賴先天。

紅黑相投者，以木汞投鉛，即鉛鍊汞也。其法至易至玄。

分明說破大天機，先種凡鉛入土池。再把硃砂來配合，片時成藥自清奇。

反覆以足上文，言「用鉛只在片時間」之意。

死得砂來不用鉛，執鉛苦鍊見何偏。譬如夫婦交情後，十月懷胎母獨眠。

此言砂液既死，須與凡鉛分胎，正是「用鉛不用鉛」也。

陽池只在片時間，入了陰池不等閒。十二時中尋火候，莫教火大洩機關。

陽池，乃溶鉛投汞之池也；陰池，是養胎之池也；十二時，一日之周天也；洩機關，火大則洩其真氣也。

周天火候要分明，不遇真師莫強行。三十六宮翻卦象，千金莫與俗人評。

此言分出金胎，尚含陰氣，必合兑金九池叠鍊，方得陰盡陽純，所謂「水逢木死，逢金絕命」也。

砂盜鉛兮鉛盜砂，砂鉛相盜藥方佳。還須盜盡又不盜，方是神仙老作家。

此言鉛盜砂之真精而成形，砂盜鉛之真氣而變體，所謂「魂魄相拘妙如神」也。

說到燒丹難上難，誰知簡易至無繁。若能會得陰陽理，砂死何愁汞不乾。

一陰一陽之謂道。内事外事，總不外乎陰陽，所謂「其中簡易無多訣，只在乾坤顛倒間」。明乎顛倒之妙者，可以内修金丹，可以外鍊黄白。

鍊鉛纔是築根基，根基妙訣有誰知。好把凡鉛來先種，其中有個大天機。

要死硃砂不離鉛，離鉛作用總徒然。砂鉛二物來相合，便是先天與後天。

鍊鉛容易用鉛難，不會用鉛亦枉然。若識用鉛真妙訣，用鉛只在片時間。

戊己雖云物兩般，要知砂死不用鉛。若將二物長來鍊，何時了得道中玄。
丹頭只在美金花，無根樹下長黃芽。其中自有先天藥，何須採藥遍天涯。
真土真鉛一處尋，真鉛裏面有真金。鍊取其氣造真土，自然真土妙通神。
硃砂本性好飛舞，死砂不走爲真土。口訣妙在陰陽池，陽純陰盡爲宗祖。

後跋

范文正公曰：「予於公餘之暇，嘗讀是書，深噲炙人口，實丹道之確論也。」因作百字吟一篇，以序其始終之妙，繼作律詩數首以詠其配合之當，且垂後學，勸戒以明此道，恐失其傳。今並存之。

百字吟

至哉漁莊錄，擒砂只用鉛。凡鉛種土池，火發金花旋。兔魄會蟾蜍，夫妻相留戀。陽池片晌間，結就丹砂玄。復入陰池鍊，須教神氣全。火生土堅剛，大藥已成乾。養砂砂即死，制汞汞即乾。親母體羸瘦，庶母重相看。抱出麒麟子，變化非等閒。砂死憑砂制，何須更用鉛。

七律

華池神水是丹基，學者如麻達者稀。只說氣精爲造化，豈知鉛汞有深微。迷途到底生邪見，大道何時得指歸。今日相逢爲宿契，與君洩盡大天機。

此言鍊丹要知神水華池、金來歸性。

配合陰陽法自然，鍊成藥物號先天。以鉛入汞真奇絕，用汞投鉛更妙玄。下手功夫終百日，奪來造化幾千年。從頭細說漁莊錄，方信神仙有秘傳。

此言造土不外陰陽配合、取坎填離。

同類相親配合良，陰陽顛倒理非常。東鄰載酒西鄰醉，南苑開花北苑香。未濟爐中交玉液，混元鼎内結金霜。只因聖母懷胎後，便與凡鉛各一房。

此言配合惟資同類，陰去求陽，片時結就金胎，以後不復用黑鉛。

要覓真鉛不是鉛，水銀一味號先天。紅衣脱去肌猶嫩，金粟烹來體自堅。鉛賴母煎陰乃盡，母因鉛鍊氣方全。個中奇絕人難測，池用陰陽莫浪傳。

此言真鉛分胎之後，須配兑金叠鍊，彼此受益。

還丹點化道非深，大藥何須天上尋。要死半斤硃裏汞，全憑八兩水中銀。玄言不敢瞞天地，妙訣誠能貫古今。秘語流傳千載後，有緣識破見吾心。

此言既得戊土八兩，可求己土半斤，方能生子生孫。

補遺一律

龍吟虎嘯風浪顛，誰人知此是先天。無根樹下產金菊，有底灘頭長玉蓮。虎嘯一聲龍出窟，水翻三浪火沉淵。神仙鍊丹無別藥，不離兔髓與烏肝。

此言華池火候之妙。

嗜玄癡伯朱永 著 高堯夫 抄 陳攖寧 校訂

金火燈

金火燈序

朱凝伯先生者，文公十八世孫也。才高學博，骨傲氣豪。曾爲永昌刺史，淡然勢利，不樂趨附大僚，旋藉事棄官，留心玄蘊。歷窮方士之術，深窺大道之精，因作金火燈一書，縷晰條分，理明訣備，真有道前人所未道、傳古人所未傳者。先生以「燈」名之，其三十三論，較之黄白鏡三十六照，更覺朗然。俾天下後世採鍊之士，得是書而熟玩之，自不至如入無燈之室，暗摹妄索也。

旹大清同治癸酉孟秋萬春抱元子識

金火燈自序

未有天地先有道，有體道者乃有書。顧道以書傳，亦以書晦。上古丹書，旨遠辭奧，殊難通曉。漢晉之書，意義奇僻，尤難猝悟。唐宋元明諸仙，其文日趨於顯，然譬以常道之理，運以才人之筆，詩詞清麗，歌賦鮮妍，設象取譬，水月鏡花，而且各立門户，巧作名色，即如水中金一物耳，隨意命名，多至一百四十有四。秘其製造之訣，而又異之以種種之名，能免後人之心神瞀亂乎？不得其門而入者，比比皆是也。

余寢食丹經三十年矣，知行交勵，不顧身家，兼棄爵禄，窮且益堅，誠格幽冥。金陳攖寧頂批：「金」恐是「今」字始會其指歸，著論三十三首，簡樸無華，而闡所當闡，發所當發，千聖要旨，包舉靡遺，並非模糊影響語也。題曰「金火燈」，同志者可一以貫之，不至若予之矻矻窮年焉已。

大清雍正十三年端陽日新安嗜玄癡伯撰

金火燈

嗜玄癡伯朱永　著　陳攖寧　校訂

易簡論第一

孔子繫易曰：「易簡而天下之理得矣。」今夫天之生物，人之生人，欲各使有形有氣有聲有色，宜如何其難且繁也。天不勞其力，人無所用其智巧，而生生不窮，形氣聲色無不各肖，又何如其易且簡也？

我以爲丹道亦然，不外乎陰陽五行，不外乎生尅制化。雖有制戊死己、流戊就己、去戊存己，錬精化氣、錬氣化神、錬神還虛之次第，不過無中生有以成其始，有中取無以成其終，而大法遂已無餘矣。人謂非常之舉，必有非常之功。鈎深索隱，愈艱苦而愈遠，愈穿鑿而愈離。累月經年，迄無成就，乃以爲宇宙本無是事也，則化醇化生，亦幾乎息，豈其然哉！

夫有物必有則，心與理融，事與法合，未有不易且簡者。假使天之生物，人之生人，必待委曲繁難爲之，無論日不暇給，且見天地父母之氣盡力竭，先就枯槁矣，尚何生育之有？

陳攖寧頂批　此意言丹道至易至簡，決不繁難。若繁難，則不合乎造化之原理矣。

水火論第二

五行不可缺一，而所重則爲水火。水者，鉛也；　火者，砂也。水中自有金，火中自有木，而土乃孕乎其內。

蓋水之數一，其中之金爲四，則成五，此五之中，有精曰「氣」；　火之數二，其中之木爲三，則成五，此五之中，有精曰「神」。神氣一交，靈苗立結，所謂「二五之精，妙合而凝」也。鉛體屬陰，內有真陽，曰「嬰兒」；　砂體屬陽，內有真陰，曰「姹女」。欲使嬰兒出現，須將姹女誘之。故投砂入鉛，則黑脱其袍，白昇於上，謂之抽坎，而有先天之一矣，是名死鉛。以此鉛死砂中之硫，謂之填離，而一生二矣。以此硫死硃裏之汞，而二生三矣。汞死則點銅、開缺、脱皂、縮貨無所不可，所謂「三生萬物無休歇」也。**陳攖寧頂批** 投砂入鉛，黑脱白昇，謂之抽坎，是名死鉛。將此死鉛，再去死硫，謂之填離。將此死硫，再去死汞，方可開點。

世間之凡銀，乃頑形濁質，並非能生物者。一雜先天藥物之中，則先天遂不清真，而亦不能生物矣。所以大丹起手，只用水火，在水火中造出先天白金，方爲有一。**陳攖寧頂批** 大丹起手，只用水火，不要凡銀，只要白金。　一爲祖，又爲父，又稱萬物之母。經云「識得一，萬事畢」，以萬事莫不從一而始也。不明理者，舉火便要死砂。語之以「先死鉛」，非茫然不知所爲，即譁然笑以爲迂。嗚呼！鉛不死而要死砂，是無父而望生子也！或將砒硫草木等物死砂，是驅禽獸與人交，而望其生人也，不亦可嗤之甚哉？

順逆論第三

無極而太極，太極而兩儀，兩儀而四象，順也；四象而兩儀，兩儀而太極，而無極，逆也。順則生人，逆則成丹，此就通體言之，當用逆法也。至其造端時，不在金中求水，而使水中生金；不在木中求火，而使火中生木。則以金中生水，乃後天之水；木中生火，乃後天之火。後天無變化，故逆取其先天。先天得，而左之右之，無不宜之矣。白金者，水中之先天金，火中之先天木，交結而成之者也。有白金後，乃用順法。蓋白金能生神水，以神水制死砂火，曰「神火」。火既神，而乾汞如風滅燈；汞實死，而開點如米炊飯。順風而呼，順流而下，無需乎智者之用其謀、强者之用其力也已。**陳攖寧頂批** 白金一物，乃水中之先天金與火中之先天木交結而成者。一得白金之後，則白金生神水。神水能制死砂火，曰「神火」。神火能乾汞，汞死能開點，毫不費力。

生殺論第四

陰符經云：「天發殺機，星辰隕伏；地發殺機，龍蛇起陸；人發殺機，天地反覆。」丹竈家但知以生爲生，而不知以殺爲生，宜其皓首無成也。

夫以生爲生者，後天之事也，所以日趨於凡者也；以殺爲生者，先天之理也，所以日進於聖者也。故河圖爲丹門之正宗，而洛書乃下手之先務，以其以殺爲生耳。

水土旺而金死，金死則金常存而生矣；火土旺而木死，木死則木常存而生矣；木旺而水土死，水土死則水土常存而生矣；金旺而火土死，火土死則火土常存而生矣。此所謂「害裏生恩」者也。

形氣論第五

至頑者形，至靈者氣；有盡者形，無盡者氣。天下古今無一物而不然者也。混沌分而輕清之氣上浮而成天之形，重濁之氣下沉而成地之形。天地皆氣之所成，則凡天之下、地之上者，何一非氣之所成乎？

姑就金石言之，地非金石質也，何由而產金石？即曰地主受，天主施，其產由天之故。然而天亦非金石質也，何由而使地產金石耶？蓋天之陽氣結而爲日，而真陰蘊於其中；天之陰氣結而爲月，而真陽蘊於其中。日月照臨，則陰陽真氣注射於地，與地之陰陽真氣，相搏相激，相摩相盪，而金石於是乎生焉。諸金中，惟鉛肖天之月；諸石中，惟砂肖天之日。聖祖取此二者而用之，亦但取其真陰真陽之氣而已矣。

鉛中有黃有白，砂中亦有黃有白。其始也，黃與黃交感，謂之「金種金」；白與白交感，謂之「銀種銀」。黃氣不能自立，附於白以成形，名曰「坤辛」，又名「活水銀」。**陳攖寧頂批** 黃白交感，黃不自立，附白成形，名「活水銀」。其色白亮，是爲真鉛。

其繼也，真鉛作鼎，水火交鍊，白變爲黃，則名「死庚」，又謂「死水銀」。**陳攖寧頂批** 真鉛作鼎，水火交鍊，白變爲黃，名「死水銀」。其體輕鬆，是謂「真汞」，且曰「真砂」。

斯時鉛汞結爲刀圭，可令凡汞凡砂，聞氣而死，常存至寶。其砂汞並能投胎奪舍，令他物改形換質，盡成至寶。不過止此靈氣相爲變化耳。

浮沉論第六

金情重而沉，火性輕而浮，一炎上，一潤下。合不以法，交不以時，而求沉者變而爲浮，浮者變而爲沉，難矣。古人所以顛倒取之、逆順鍊之也。以沉重壓輕浮，追金作用也；以輕浮吸沉重，採金作用也。**陳攖寧頂批**　追金則以沉重壓輕浮；採金則以輕浮吸沉重。先既濟，後未濟，合體之法也。天應星，地應潮，交光之時也。金升浮作離中汞，火降沉爲坎裏鉛，則大藥成焉矣。將藥乾汞，而月朗無煙之物出焉，則謂之丹。丹，沉者也。以此制輕浮而亦使之沉重，則天硫產於汞金中矣。

真假論第七

戊己、鉛汞、天硫、真土、黃芽、白雪俱有真假，猶世俗所稱好人、通人，其中之等級各大不同也。

砂鉛氣結，而產出先天白寶，名曰「戊土」，即名「真鉛」。將此死硫，名曰「己土」，亦名「真鉛」。以死硫乾汞，亦名「己土」，亦名「真鉛」。以汞死砂，砂脫龍衣，其子銀又名「真鉛」，亦名「真汞」。而起手時砂鉛氣結之白金，遂有稱之爲真汞者。龍衣纔見真天硫，又名「真土」。而黃白鏡即名始初造出之黃藥爲天硫，爲真土，爐火第三子號黃芽，神丹至九年而有白雪。及水心篇云：「己汞始死稱白雪，硃硫初結即黃芽。」陳自得先生稱蔗色之金英爲黃芽。彭太華先生以造戊土之金胎爲黃芽，且稱未成寶之白粉爲白雪。**陳攖寧頂批**　真鉛：白金、死硫、乾汞、子銀、戊土。真汞：子銀、白金、己土。真土：龍衣、黃藥、天硫。

蓋丹道以漸而入聖，俱屬由假而得真，故名雖同而實則異也。若不洞明其高下次第，則心胸眩惑，作爲亦必至於乖違矣。

聚散論第八

天旒爲乾汞之聖藥，先欲其聚，後欲其散。陳攖寧頂批　造天旒法，先聚後散。不聚則無形，不散則無神。真火遇金則伏，故每歲三伏，皆始於庚。

仙師觀天之道，以三次水金，擒砂換體，而難聚者聚矣。陳攖寧頂批　三次水金，擒砂換體。然有形未有神也。其所以未有神者，陰錮之也。陰盡則自散，而形化爲神焉。陳攖寧頂批　陰盡則散，形化爲神。猶內修之以金制火，結胎養鍊，身外有身，面壁九年，虛空粉碎，即本來之五官百體，亦聚成形而散成氣也。世人以生砂栽種水鉛之內，求其結胎，縱或堅固成團，而汞體鉛質，混雜交固。程古癡云：「胎中帶得毛病，到後分胎不出，此所以無超凡出世之天旒也。」陳攖寧頂批　此言生砂栽種水鉛之內，爲有毛病。

古聖之取火，先去其木，而採金時又不使之啗水，則胎本無陰，煅鍊易燥。燥極則不假人爲，自然返粉而形神俱妙焉矣。陳攖寧頂批　取火先去木，採金不使之啗水，則易燥返粉。

庚辛論第九

經云：「庚金不與辛金合，費盡家財枉勞心。」夫所謂辛金者，壬水與丁火妙合而結成之形也；若夫庚金，神水與神火妙合而露出之色也。

辛金雖有質而有氣，庚金則有氣而無質。以潔白晃耀之辛金，用作鼎器，紅黑間投，謂之「朱雀炎空飛下來，摧折羽毛頭與脚」，又謂「朱雀奮翼火燒空，真鉛海底金光噴」，又云「玄關一竅種流珠，拍手呵呵真至妙」，又云「太陽移在月明中」，又謂「朱雀投江」，又云「陰殼含陽花」。白變爲黃，則「水還黃液金精結，火吐紅璃木氣融」，乃可以云庚辛合一。砂見之而立死，汞見之而立乾矣。

其初造辛時，賴有庚金結撰，故黃倡而白隨，蓋無庚攢不出辛也。然既成白寶，則名辛金耳。**陳攖寧頂批** 寧按：此屬追金作用。其後取庚金時，實以辛金誘會，故白吞而黃吐，蓋無辛收不住庚也。**陳攖寧頂批** 按：此屬採金作用。然既成黃轝，則但名庚金耳。

太上金穀歌云：「庚爲表，辛爲裏。」不刊之論歟。

爐鼎論第十

金穀歌云：「此藥無爐只有鼎。」爐非貯炭之具，鼎非磁鐵等鑽也。爐乃是藥，其種子則爲鼎。一鼎化爲千萬鼎，而藥不與焉，故曰「無爐只有鼎」也。

可作鼎器者有三：最上山澤，其中半金半水，三池採鍊，便立丹基；次則鉛中有銀液，以砂攪成一塊，勝出潔白之寶，謂之造成山澤；再次則洗淨凡銀，配對聖材，陰池鍊形養氣謂之鉛鍊母，陽池感氣吞精謂之母鍊鉛，二九功完，就中昇出之靈芽，雖未成寶，實是養砂妙藥。漁莊錄、秋日中天、洞天秘典、黃白破愚、金丹直指、琴火重光、承志錄等書，其法大同小異，然總不以庶母爲真母也。

學者誤解「鉛鍊凡銀作藥王」之句，屢將銀鉛同煎，鴻濛退火，投晥發鬆，號爲「酥母」，養砂煎銀，詡詡自得，而不悟其即所盜之凡銀也。勞力費財，終歸無益，可悲也夫。

老嫩論第十一

嫩則無藥，老則氣散，採金之貴及時也。夫人而知之矣，外此則無一不貴乎老焉。以造晥論，進陽退陰，歷遍諸辰，非三進三退而遂止也。

黄白鏡照火符云「周而復始，始而復終」，其照清真云「砂中黄晥，不可令其存性。若有纖毫生意，終屬凡質，難以通靈」，其照點化云「黄晥實死，纔能點得水銀，而成金丹」；竹泉陳仙云「大都兩物精神老，能使貧家作富家」；彭太華云「兩物真須齊耄耋，刀圭次第蔭兒孫」：則知二土之寧老毋嫩矣。初子出世，制度多端，二子三子，亦極周至。蓋恐工夫稍欠，即不免於細褪也。

古人云：「假爲君家心太急，金丹大藥恐難成。」可不慎歟！

槖籥論第十二

道德經云「天地之間，其猶槖籥乎」，蓋指陰陽呼吸而言也；參同契謂「牝牡四卦，以爲槖籥」，觀吾陳師註云「槖屬坤，籥屬乾，動闢動直，小往大來」，蓋指真氣流注而言也。則修鍊外丹，可但營心於鞲囊氣管乎。砂鉛爲陰陽，其中又各有陰陽。以陽中之真陰，激發陰中之真陽，片晌之間，真人出現。陳攖寧頂批　真陰激發真陽。斯時龍呼虎吸，虎呼龍吸，如槖籥然。爰結黍珠，藉爲造端託始之物。池池鉛晥顛倒，金火相乘，彼此吞啗，互滋互益，猶内丹之「一粒復一粒，從微而至著」，即附餘詩所云「微微騰到純陽體，槖籥機關莫亂言」者也。若但以鞲囊氣管爲槖籥，失其旨矣。

攢鉛論第十三 陳攖寧頂批 按此篇乃起手追金之要訣。

木載金浮，去癸留壬，自古丹書皆言之，遊方術士皆道之。及至臨爐，則且無法以使之浮，而又何法以使之留也哉！紫陽真人云：「池中先立地中天，用鉛澆淋厚且堅。」砂在下，鉛在上，不令合體，但使交光，猛烹極鍊，火氣升勝，金即湧躍奮迅而出，池中潮湧，若微風吹水浪焉，攀轅之術，立化雲煙耳。惟及時以法留之，俾上浮者返而下沉，再上則再下之，循環旋轉，狀若河車。爻珠累積，金火相滋，癸水盡成爐底，而存於池面者，乃壬金矣。五百七十六兩陳攖寧頂批 五百七十六兩即是三十六斤，攢簇僅存半斤，然後投眊合體陳攖寧頂批 按：不曰「投砂」，而曰「投眊」，必有制作，恐不是投生砂，吸取精華，煅作紫粉，斯爲乾汞死砂之至藥也。

採金論第十四

丹雖金火並重，而不先取金，斷無別物以制火。先聖所以重採金也。採金歌誰不熟讀？而造眊者不概見。一在乎無金而遽欲採之，一在乎有金而不善鍊之耳。買得凡鉛，即付灰池煎鍊，紅黃氣濃，以砂投於其面，謂已吸金。豈知未投砂之前，鉛乃寡鉛也；既投砂之後，鉛仍寡鉛也。陳攖寧頂批　此言砂投鉛面之法不好。蓋砂中之液，遇熱即飛，安能制玄武以擒朱雀哉？此無金而遽欲採之病也。

即知木火以追金矣，而金鉛又入池中烹鍊之時陳攖寧頂批　據此二句，則是用木火將金追出，取起後，第二次又將此金放入池中，方行採金之法，或一陽未來，或三陽已過，砂鉛雖合，斷不結胎。此有金而不善採之病也。

認得西方金佛祖，陽烏啣出價如珠，其在「五色雲中月弄影」之候乎？至於毓珠既死，賴母乳哺，亦猶採金之義。漁莊錄云「浮沉誰識真鉛體，開闔忙鋪得氣砂」，此真鉛謂真金也。真金浮於母面，而以未成寶之死毓汞吸之，三次啗血，體老形堅，較之灰缸温養者，功效獨捷。天台老人之伏氣，亦斯之謂歟。

火候論第十五

藥物、配合、火候，此三者修鍊之綱領也。而仙人傳藥不傳火，非不欲傳，不可傳耳。蓋藥中有內火，爐中有外火，察內火而行其外火，乃謂之候。開鍊者尚有花色之可觀，封鍊者一無所見，是在乎因時制宜，意想默會，變而通之，神明而用之。使拘成說，何異膠柱而鼓琴哉？故火記六百篇，亦不能盡其奧，而髯癡道人謂「銖銖兩兩是愚人」也。

要而言之，火有上有下，有淺有深，有遠有近，有重有輕。藥生時，宜上、宜淺、宜遠、宜輕； 藥熟時，宜下、宜深、宜近、宜重。當文而武，則所謂「冥寞重泉吾欲死，六丁逼我走陽關」也； 當武而文，則所謂「寂寞洞房春信隔，翠被生寒眠不得」也。先用文以伏其性，後用武以絕其命，此爲至當不易之語。諺云：「火小再養，火大莫想，寧過其期，勿失之躁。」至若明爐煎鍊，但可行之於實死之丹，而不可行之於實死之藥，前哲俱未顯言。後人輕用明爐，而廢藥者不可勝數也。**陳攖寧頂批** 實死之藥，不可用明爐煎鍊。若用明爐，必至廢藥。

更當知者，藥有升降，而升降則必以時也； 藥有去取，而去取則必以時也。或視乎其體，或視乎其色，恰當其可，亦云火候也。

若夫內丹，則有五千四八之首經，有每月金水之六候，皆在真師之傳授焉耳。

黃婆論第十六

孤修獨坐之黃婆，一己之意也； 坎離顛倒之黃婆，兩家之意也。以外事言之，砂鉛中各自有黃婆，二氣結成之白金亦曰黃婆，而爐火則更以鍊黃之凡銀爲黃婆也。**陳攖寧頂批**
黃婆，（一）二氣結成之白金；（二）鍊黃之凡銀。

砂汞初結靈胎，未能住世，欲其體堅成寶，全賴先天金氣。但嫩胎不可以見水鉛，合鍊則胎化，薰蒸則盜陰，故仙師借凡銀爲庶母，收攝鉛中之金而吐於胎內，謂之乳哺。**陳攖寧頂批** 借凡銀爲庶母，收攝鉛中金氣，而吐於胎內，是謂乳哺。 若母不黃，則乳娘無乳，將何以益其子而作其骨乎？ 必使之黃，方能傳遞消息，故亦稱爲黃婆。

然黃之者，鉛中之金； 而所以黃者，不僅在乎鉛中之金也。 月不得日則無光，金不得火則不黃，而又非以凡鉛煎之、生砂薰之也。 始同聖材久鍊，消其陰而使成戊土，繼同死硫互烹，鍊其陽而使成己土，則銀亦體凝金液，色暈紫霞，而似紅綾餅矣。 此之謂「三家同成正果」也。**陳攖寧頂批** 據此則知，凡銀必須鍊過，方可作庶母。 然決不可用凡鉛、生砂合銀同鍊，必須先同鉛金合鍊，以成戊土，後同死硫互烹，以成己土。 二土既成，而凡銀亦隨之而入聖矣。

細玩琴火重光、承志錄，餘書可以類推矣。

雜類論第十七

生初只有天地，生人只有父母，禽獸蟲魚之孕育不過雌雄牝牡，則大道於砂鉛之外，豈有別物哉！

藥既靈聖，而後六神可以伏尸，八石於焉聽令，非起首時事也。 或以倭鉛代砂，南北交姤，明火候，善攢簇，亦可造白金以死砂汞，不得以雜類目之。 有將砒、硫、雄、磠製長生匱者，汞亦可乾，但成寶不免細褪，此則神人共忿之茅法也。**陳攖寧頂批** 按「細褪」二字之意，蓋成寶後，不堪煎鍊，經過一次煎鍊，即要減少其重量也。

戊子冬，余計偕入都，有同袍教作砒匱，不五旬而白鏹果出，謂後此可常繼，且爲欲遄速，馴至朝種暮收，不必苦誦丹經也。余恐或有損壞，屢煎試之，每次十存其九，而色紋如故。雖不敢以分釐害人，猶意其事可爲，特法有未備耳。於是卑禮厚幣以求備其法者十餘載，遇人甚多，取造雜匱甚夥，究無一全美者。乃盡棄之，而專肆力於砂鉛。方外之士，視余家爲利藪，絡繹奔赴，七載而貲竭，獨自勵志於書，廣稽博考，溫故知新。時以承乏一郡，公私不能兼營，以計旋里而致力焉。寒暑無間，寢食俱忘，循其所當然，原其所以然，理明而火候難於中竅。苦試數年，神明若告，而益見大道之愈於雜類萬萬也。

夫騙財者必以速效近身，受欺者每以速效墮計，抑知雜類似易成，成則必有病。縱治其病，斷不開點。苟砂鉛得訣，則期月之功，一勞永逸，似遲而實速也。人何役役於小法哉！

金精陽氣論第十八

金精與陽氣，一而二、二而一者也。

金蘊於鉛，爲陰中之陽氣，及被凡銀招攝，即名金精。以汞入黃母之中，封養打昇，盜奪其所招之金氣，則謂之烹； 隨以砂入金汞之中，封養打昇，吸收其所盜之金氣，則謂之鍊。蓋水銀須烹之以金精，硃砂須鍊之以陽氣也。**陳攖寧頂批** 水銀烹金精，硃砂鍊陽氣。 所以然者，因砂中有木有火，木敗於水土，而胎於酉金； 火敗於卯木，而胎於水土。

陽氣者，鉛中壬水戊土也，又爲凡銀招攝而成金精，乃吐入水銀之內，則此水銀爲有金有水土之木矣。以此抱煮硃砂，則火木俱敗，火木俱胎，而後以午火凝其質，酉金堅其體，有不骨肉胥成者乎？

夢覺道人十七照中，較此論稍異，亦各行其見而矣。

陽火陰符論第十九

進陽退陰，制硫以造土之作用也。水中發火名陽火，以黃庶母抱養初死之硫，謂之進陽； 砂中之火曰陰火，以生黃硫拌養初死之硫，謂之退陰。 進陰火以符合陽火而使硫乾鬆也。**陳攖寧頂批** 生黃硫，不知何物。

進一陽以象震，進二陽以象兌，進三陽以象乾； 進一陰以象巽，進二陰以象艮，進三陰以象坤。交互反覆，歷遍諸辰，每行進火，三日，六次，共二百一十六時。**陳攖寧頂批** 按二百一十六時乃是十八日，蓋每次三日，六次共十八日也。 使硫盡成紫粉，無纖毫生意，拈粘紅炭，不起微煙，方止。

玄癡生之「九九更烹鍊」，太華山人謂「九九烹來轉轉靈」，同一義也。

聖灰神火論第二十

方士取鍊凡銀銀鉛銷與生砂同爲細末，文火炒枯，謂之「聖灰」； 將生砂研末，加火硝薰昇黃晼，謂之「神火」。何謬妄之甚也！ 夫曰聖曰神，俱超凡離俗之物。聖灰者，如粉如塵，脱然無累之死天晼也。經云：「聖胎聖灰不可缺。」聖胎係實死真金，則聖灰豈非實死真火乎？ 生砂中有丁火丙火，無神火也。丁壬結形成寶，鉛晼投鍊而變爲黃，其中之火乃神火矣。猶生鉛但有壬水癸水，既成白金，其中方有神水耳。神水招攝而死之火爲神火，而究不能取出神火而見之也。**陳攖寧頂批** 神火不可見。 以炒枯者爲聖灰，薰昇者爲神火，安有不傷財曠日哉？

先後分合論第二十一

兵家有分合，丹家亦有分合。當分時不可使之合，而當合時不可使之分。 李晦卿先生硃砂中有水銀、黃晼、砂皮三種。起初造藥，斷斷不可令合； 及藥就而養粒砂，又斷斷不可令分。**陳攖寧頂批** 起初造藥，則木火先分而後合； 藥成養砂，則木火先合而後分。

云：「豈有一黑鉛而能令水銀、黃硫、砂皮一並全死之理？」蓋鉛內之水，尅火而生木。若以之養砂，則生尅分用，其力不專。且水生木以生火，火其可得而死耶？仙師所以取硫而去汞也。陳攖寧頂批 造藥之初，取硫去汞。迨硫受制於水，然後將汞敗之，所謂「取出砂中汞，還將汞補砂」也。既未三十六時，而硫燄絕滅。陳攖寧頂批 硫既受制於水，然後又用汞敗之。漁莊錄云「水火烹調三晝夜，方知此着妙如神」，非此之謂歟？

粒砂之衣，玄元火也；其中之汞，龍雷火也。河車一破，將何以爲雙生聖嗣之地乎？惟溫溫靜養，俟砂體露出黃金之色，則玄元既死，龍雷不能奔逸，乃漸加火，使丙成土而丁成金，纔行脫衣養鍊之法。輕羅爲天硫，子銀爲仙母，彼此相資，而化育無窮焉。陳攖寧頂批 養砂之初，溫溫靜養，俟砂體露出黃金之色，乃漸加火，使丙成土而丁成金。然後又用脫衣養鍊之法，則所脫之衣爲天硫，而分出之子銀爲仙母。

「造藥，則木火先分而後合；養砂，則木火先合而後分。」此歷聖之心傳，而未嘗明示其所以然之故也。

追魂插骨論第二十二

天魂地魄，言之各殊。有指鉛爲魂而砂爲魄者，有指砂爲魂而鉛爲魄者。以余論之，則砂鉛中各有魂魄，亦如男女之各自有魂魄焉。

鉛内之黄金爲魂，白金爲魄； 砂中之丙火爲魂，丁火爲魄。追魂者，追砂鉛之魂，而入凡銀之内也。砂汞成胎，有魄無魂，猶嬰兒之在母腹時也。魂入於魄，則嬰兒産，以收金火之氣，庶母乳新胎，則白寶方結。三收三乳，結者堅焉，堅者完焉，猶嬰兒之骨肉堅强，故名「插骨」。**陳攖寧頂批** 據此，則鍊凡銀變成黄色庶母，名曰「追魂」； 再以黄庶母乳哺新胎，使新胎結成白寶，名曰「插骨」。養道策云：「更有陰陽池秘訣，追魂插骨妙如神。」在開鍊之陽池中，簇金火於銀内； 在封鍊之陰池中，吐金火於胎内。但非初下手之事。故三山師謂「追魂插骨兩池銀」。此是丹成後事也。

至若漁莊先生、祝雲鶴及靈陽子、雷一陽、陳竹泉、吴國士、彭紫玄諸仙之造藥，將凡銀對配聖材，生寅庫戌，薰取戊土，亦曰「追魂」。承志錄長子脱胎，制成仙母，又同聖材封養半月，寒聲玉漏，昇出靈英，亦曰「追魂」； 子銀歸根復命，又與聖晼合鍊一日，使之剛脆，亦曰「插骨」。均當詳考而備誌之。

薰取戊土時，亦有陰陽池，但作用不同。其陽池之開鍊，不過洗盡銀中所吸之癸水，爲時無幾； 其陰池之封鍊，則將潔白起獅頭之銀，再配聖材而吸其癸水，須要九時，所以漁莊錄云「陽池只在片時間，入了陰池不等閒」也。冲虚道人云：「陽池三翻，各分爻投鍊九次，爲造土天旒而然。」此欒仙師之陽池九次，各配火封鍊九時，欲其吞精感氣而然，又不可一例而論耳。

築基鍊己論第二十三

漁莊錄云：「築基鍊己與沐浴，超脱過關與過渡；般般都會纔鍊丹，若還不會休自誤。」夫築基者，造藥之始功也；而鍊己者，築基之始功也。

內丹先築基而後鍊己，外丹先鍊己而後築基。以水伏砂飛揚之性，制成堅老聖材，謂之「鍊己」**陳攖寧頂批** 以水伏砂，制成堅老聖材，謂之「鍊己」； 看火候而攢出白金，謂之「築基」。此金雖係汞寶，其實鉛金作主，故福塘陳仙云「認得半斤餅，喚做水中金」也。餅作鼎器，加鉛四斤煎之，以爲採金造旒之池，即越松道人所謂「七十二數，合金水同宮之妙」也。**陳攖寧頂批** 鉛四斤，共六十四兩，再加白金八兩，則七十二兩也。

未通玄者，泥定鍊己在築基之後，盍思不先鍊己，則基且無由而築。而祝仙謂「六十四兩，乃四九鉛中之機」，其何所指耶？要之追金即是鍊己，己鍊纔可築基；有基而後採金，採金始可滅旒；旒死方能乾汞，汞死乃云得丹。**陳攖寧頂批** 追金即是鍊己，攢出白金即是築基。採金，滅旒，乾汞，得丹。執此說以博考羣經，何一非若合符節者哉？

卯酉沐浴論第二十四

内外二丹，大略相同，惟沐浴則有異。

内丹之沐浴，不進陽、不退陰耳。卯月之卯時，酉月之酉時，法當防危慮險，故須安靜停爐，不使金木太旺，傷損嫩胎，以致風雷忽動而已。

外丹之沐浴，則如有藥物存焉。火敗於木，故造藥時以水銀〔陳攖寧註〕卯烹硫，養子時以水銀〔陳攖寧註〕卯烹砂，皆所以去其垢而絕其燄也。〔陳攖寧頂批〕造藥時以水銀烹硫，養子時以水銀烹砂。火死於金，故硫伏後以黃母〔陳攖寧註〕酉鍊陽，砂熟後以黃母〔陳攖寧註〕酉乳哺，皆所以堅其形而足其神也。〔陳攖寧頂批〕硫伏後以黃母鍊陽，砂熟後以黃母乳哺。卯木酉金，先後節制，非此則硫與砂俱不成真。沐浴之爲功鉅矣哉！

汞超砂脱論第二十五

内丹至虛空粉碎，方爲錬神還虛。終南道人云：「汞死必超，超則不止於伏火；砂死必脱，脱則不止於去皮。」既云「不止」二字，其意亦在乎錬神還虛而已矣。

仙家不論内外，俱以精氣神爲三寶，最重在神，而形非所貴也。蓋形爲魄，神爲魂，魂與魄不相入，投胎奪舍，惟魂之功。故起初造藥，先須投魂結魄；砂汞既死，又須化魄成魂。若汞死而止於伏火，砂死而止於去皮，猶然形耳。

清真論云：「昇藥爲第三策，取真氣以離形也。」超者，紛紛白雪滿晴空；脱者，滾滾紅塵瀰法界耳。范堯夫云：「接至清真不受煎，自然點化無休歇。」不受煎者，見火難化也。是可以悟超脱之法也。

過關過渡論第二十六

砂汞必須實死，方能變化，而不過關過渡，雖死究不免於返還也。返還則有細褪之病，且無生育之功。經云：「硃砂不過關，如隔萬重山；水銀不過度，神仙迷了路。」其所係不甚重乎？

范堯夫云：「過關全賴周天火，過度須尋渡海船。」夫周天之火，非特將砂空鍊也；渡海之船，非於同類外別有寶筏也。砂熟脱胎，其龍衣再見嫡庶二母，則成聖疏。其子銀亦再將二母蓋鍊過，還歸老祖之爐，則成真鉛。乃復將靈疏、真鉛，同封入鑽，武鍊十二時，魂魄互相制伏，即云疏過關而汞過渡，均可作長生湧泉匱矣。

若夫疏所乾出之汞，乳哺後，再與死疏合鍊，一日，亦猶過渡之義焉。然此皆三轉以前之事，而不概施於四子後也。

三家相見論第二十七

以鉛、汞、土爲三家，由來久矣。夫鉛含戊，汞含己，可知土不能離鉛汞而自成一物也。起首先攢鉛，謂之製戊。將此鉛死砂，則流戊以就己，而無戊矣。己成雖是土，則稱之爲土，而又無己矣。故勸莫吟云：「三家原是兩家物，兩家須將並一家。」丹經混云「鉛汞土三家相見」。

余恐後學之泥於相見而多誤也，嘗統諸書而會通之，且原始要終而計之，則所謂三家相見者，蓋有五焉。

其初也，水火成團，白金立體，猶內丹之坎離交，而經營鄞鄂也。採之以晄，則龍虎入汞，而三元聚於一堂。

其繼也，男女同衾，紅顏懷孕，猶內丹之乾坤交，而凝神以成軀也。乳之以銀，則金火作骨，而三才彙於一室。

至於銀鋪池底，土中隔宮，砂安土內，此三丰祖師養砂之法也。

銀晄與汞共和勻，送歸土釜牢封固，此漁莊先生乾汞之法也。

實死之天吮，成寶之水銀，乳過新胎之庶母，同養七日，此慈烏反哺之法也。

五者均謂之三家相見而已矣。

成寶點化論第二十八

黃白破愚云：「神仙之道，不成寶不足以爲指歸，不點化不足以爲至道。」迂儒見說開點，竊竊然驚，更紛紛然疑而議之也。抑知天下之物，或觸草木，或感金石，頃刻變色換形者，不可枚舉，豈其遇丹藥則不然？

列仙傳云：「仙猶人耳。」何以人有死而仙不死，人無變化而仙能變化哉？神仙無種，天又未嘗生而使仙，內修得道之外，其服藥而成仙者，亦止服此金火之靈氣耳。藥尚可以使人變凡爲聖，而況於五金八石耶？砒、硫、磠、膽、雄、雌等，沾藥之氣，尚能轉使他物變銀變金，而況靈藥耶？特慮砂汞不先成寶，則諸事俱屬虛化，一成寶而開點可以計日而待矣。

蓋大丹之節次有五：一追金以築基，二採金以滅吮，三乾汞以成寶，四養砂而轉接，五點化而生生不竭焉。**陳攖寧頂批** 追金、採金、乾汞、養砂、點化。點化者，不過使現成之物變色換形耳，較之無中生有，孰難孰易？論作法云「只怕不清真，不怕不開點」，而又何驚何疑也哉！

神丹爐火論第二十九

夫道一而已矣，何神丹有二十四品、爐火有七十二家乎？蓋明理得訣之後，可以另闢乾坤，別開生面，猶工書畫文辭者，始而摹倣前人，後則自成一家。此事之常，無可疑者。獨神丹之所以爲神丹，爐火之所以爲爐火，其同異不可以不辨。

同者，起手之必用先天白金是也。**陳攖寧頂批**　起手必用先天白金。以白金死砂，其砂有肉而未有骨。**陳攖寧頂批**　以白金死砂。譬之初產嬰兒，難經烈火，須將黃庶母以乳哺之，使之氣足體堅，方能成寶。**陳攖寧頂批**　砂死再以黃庶母養之成寶。以成寶之砂乾汞**陳攖寧頂批**　以成寶之砂乾汞，復以死汞養砂**陳攖寧頂批**　以死汞養砂，一砂一汞爲一轉**陳攖寧頂批**　一砂一汞爲一轉，接至三轉爲三胎，此時黃銀白金俱置不用**陳攖寧頂批**　三轉後黃銀白金俱不用。經云：「轉制分胎三次後，却嫌祖宗是囂塵。」蓋爲此也。只用砂汞變化，脫去銀鉛，藥便清真，便能點化。六子出而陽極陰生，砂汞返還，再用黃銀白金一次，雙金並伐，則七八九子俱不返還。或鑄聚寶盆，或養金剛子，而大局於是結穴。此爐火之做手也。

若夫神丹，則自始至終，不用凡銀。且自始至終，不脫水鉛。以水鉛中之金氣，乃是長生之藥，故先天白金爲鼎器，而以得水之暁，得火之鉛，分爻銖，辨玄白，交互間投，至二百四十三池，名一鼎，服之可以延年；至四百八十六池，名二鼎，服之可以長生；至七百二十九池，名三鼎，服之可以冲舉。雖數歲之中，分支點化，不可勝窮，而所重只在服食。經云：「重濁點金堆泰山，輕清服餌作神仙。」蓋謂此也。九年白雪，十二神符，則刀圭一入口，白日生羽翰。許旌陽四十九人同時上昇，載籍可考。鍾呂二祖云：「雞餐雀食皆成鳳，蛇嚥魚吞盡化龍。」諒不誣也。此神丹之做手也。

或云爐火至九轉之後，封藥沉井，浸去火毒，服之亦可延年長生。則漁莊公傳道於范文正公，而堯夫先生家其學，何諸君之不至今存也？

内外同揆論第三十

宇宙之有天地，人之有男女，物之有砂鉛，一也。至於人之有心腎，猶天地之有日月耳。天豈有日月而可以無地乎哉？則知人豈有心腎而可以不別求他助哉！姑不具論，但即内外之事理言之。

外丹以金石之物，鎔之於爐冶；内丹則取身中之藥物，而鍊之以心意：其事大不相侔矣，然其理則無毫髪之殊。外丹貴氣以成形，内丹亦貴氣以成形；外丹貴取先天氣，內丹亦貴取先天氣也。外丹之先天氣在乎鉛中，內丹之先天氣在彼腎中。鉛中之先天氣，不投之木火則不現；腎中之先天氣，不注之以心火則不出。木載金浮，黑中取白，以此息火，謂之抽鉛填離。外丹之初下手則然，火既息而「龍虎同入汞，癸水自分開」，則汞死，汞死而外丹成矣；神既凝而「乾坤交姤罷，一點落黃庭」，則心死，心死而內丹成矣。外丹成而點金化石，內丹成而出神分身，皆自然之明效大驗也。雖然爐火而外，更有神丹，玉液既成，更有金液，有志者，毋得半而自足焉，其庶幾乎。

李晦卿先生註悟真篇，於「教人錬汞鉛」之句，別出妙解，與從前各家之註迥異。其接命築基，簡易便捷。余推其義以造天眈，神妙莫測，減日省財，諸書未有，乃愈信內外兩丹事殊理一，慧心竟可令前賢畏後生也。

天人感應論第三十一

謀事在人，成事在天。世間些小富貴，尚不能以自主，而況取無窮之利、享無窮之福哉！彭太華云：「欲覓丹財爲道助，須修德行與天齊。」則知求道之士，非僅斤斤自好、煦煦小惠而已也。許真君真忠至孝，諶母元君以孝弟明王之道授之，而其令旌陽也。埋金於地，全活久旱之民；投藥於井，解救四方之疫；棄官而斬孽龍，功滿而登紫府：是可以爲求道者之典型也。蓋必敦倫以厚其本，而又推之於仁民愛物，刻刻以利濟爲心，汲汲以救度爲念，培養此心，與天地相似。而且下韋編三絕之功，求萬殊一貫之旨。勿貪小效近功，而作損人之事；勿因顛躓挫折，而萌退悔之心。自然誠格彼蒼，神遊碧落。一旦豁然，功成返掌耳。或曰：「天人感應，理固然也。」然苟道法真，師傳的，則機權在手，不已任我作天仙乎？果爾，是天下有違天而得道者矣？一夜雷轟八百家，能無畏歟！

言理不言訣論第三十二

道也者，理以明之，訣以成之也。古聖不言訣，而詳言其理者，救世之婆心也；古聖詳言理，而不詳言訣者，愛世之苦心也。何則？性命之道，非有大力不成，故藉外丹爲內修之助。使並其理而秘之，則斯道泯滅，內修無所倚賴，古聖其愀然矣。財能生人，亦能殺人。是道也，雖奪天地之造化，而一得真訣，如鷹攫兔。假使血氣未定、志行未純之時，於焉輒就，保無有蕩其心而戕其身者乎？保無有越於禮而害於家者乎？且比屋而修，則士棄詩書，工廢操作，農也懸耒而嬉，女也投杼而臥，商旅不行闤闠之市，而衣者食者，凡所資以利其用者，皆無從而取給焉，其流弊可勝道哉？惟秘其訣，以俟篤信好學者之自悟，則畏難者各安其業。間有百折不回之士，必至苦心志，勞筋骨，餓體膚，少年剛鋭之氣，喜功好大之情，消磨殆盡，然後潛啟默佑，酬其數十年之辛勤，俾得安然雙修其性命，此仙師之所以深愛之也。夫是之謂苦心也，亦適善全其婆心而已矣。

陳攖寧按 世人妄謂東方點金術不成，遂變而爲西方之化學，此乃局外人之言。誰知其中有不成而謬説已成以騙人，如江湖方士者；亦有已成而仍説不成以自晦，如道門高士者。外丹書，有真者，有假者，有半真半假者；有上等訣，有中等訣，有下等訣，更有不成其爲訣而自命得真訣者。煙幕重重，普通之科學家，誠無從問津也。請觀此論，即知古人所以隱秘不傳之理由。

傳賢不傳子論第三十三

官天下，家天下，聖人非有成心也，亦視乎其賢焉耳。大道非天下比，而擇人則無異。張紫陽未成道時，急求外護，而取友不端，三遭譴責。內事且然，况於外事乎？陳攖寧頂批 外事，即點金術，乃丹道中專門名詞。人情之喜外也，更甚於內。其未得而求傳，莫不指天日，出肺肝，誓守玄律、不背師訓；一授訣，而權即操之於彼矣，或矜名，或炫能，或尚意氣，或溺親愛，或施濟而動猜疑，或放恣而干罪戾。究所從來，玉石俱焚。嗚呼！可不懼哉？

然道成之後，類不妄洩，以無所求於人也。惟歷盡艱辛，幸得真訣之後，有法無財，難以獨造，則安危禍福之關在乎此矣。子啼饑而妻號寒，情不容以恝視也；去日多而來日少，勢不能以久待也。急欲一試其技，而擇侶不得其人，安未幾而危繼之，受福小而得禍烈。雖泣血痛悔，夫何及乎？

古仙云：「享道更難於成道，擇弟更難於尋師。」信哉！天下之親，莫父子若也。苟不至德，不世其家。有道之士，其亦可以深長思矣。

陳攖寧按　何人爲賢，何人非賢，若不經過長時期之審察，決難斷定，甚至有終身相交，結果仍自悔無知人之明者。此論所云「擇弟更難於尋師」，確是實情。若問如何資格方爲載道之器，頗不易言。倘能得英雄氣魄與菩薩心腸兼而有之者，最合資格；不得已而思其次，亦要當得起「君子人」三個字的名稱，否則恐於仙道無緣矣。或問：「果如此者，豈不違背普渡之意？」答曰：「仙學與宗教不同，只能接引上智，若彼老氏三寶、孔門八德、佛教五戒、耶教十誡等，方能普渡耳。」

後跋

丹固實有其事，然而斷不可輕爲。經云：「德如聖人，福似天子，纔享神仙俸祿。」是可知其非易易也。又云：「毫髮差錯不成丹。」故非真師口傳手授，縱聰明過顏閔，難以意想測度。而既係真師，則入山惟恐不深，尚何求於人世，以大道無端示人也哉？惟有法無財之士，不得不藉有力者以相與有求。但其人代不數覯，且擇友甚嚴，更善韜晦。彼蓄奸行騙者，則巧言如簧皆是。以不多有之人，守其不苟合之志，而又亂之以易於傾信之流，非天假奇緣，難以幸遇。即遇焉，而不具非常之識，往往覿面失之。夫是不得真傳，胡行妄作，廢時失業，破家蕩產，妻子嫌，親友笑，追悔焉而已，無及者指不勝屈也。士農工商，何事不可資生？不輕想非分，反至失其固有，抑獨何歟？

自記

嗜玄癡伯者，極乎癡之量者也。自幼性好善，每爲人而忘己。竊有笑其爲癡者。及入玄門，尤以博濟爲己任。頻舉數敗，絕無退悔。爲蠹魚，爲燧人，三十年寒暑無間，癡矣。好爵不縻，家道日落，甚至棄其安宅，而心堅如故，抑又癡矣。知塵世之無真師，欲親見吕祖求道，毅然吞水銀十四兩，家人環向而哭，親朋驚愕，鄰里駭異，獨恬然相視而嬉，謂「朝聞道夕死可矣」，乃半月而水銀盡出，精神加旺，洞悉水中金作法，此則癡之不可及者也。

春林撫掌告余曰：「萬法歸一，覺今是而昨非矣。以死鉛爲先務，以死汞爲實功，中間用黄晼採金，作渡河之筏。其節次一一試驗。」余如好賭者，技精而貲竭。惜爾亦在涸轍中也。立論一帙，簡當明快，誠爲金火之燈。昔竹泉陳仙，窮極悟道，著書以覓外護。有云：「如今貧苦須憂，且待機緣輻輳。」金火燈之作，亦猶是歟！

雖然，主之者天，成必以時，癡伯惟靜俟之已耳，可庸心於其間哉！

金誥摘錦

高堯夫　抄錄
陳攖寧　審訂

鍊鉛採取先天真汞心說

人皆曰鉛汞，而於「鉛汞」二字之中玄機妙用，懵然而莫知之也。但鉛非水鉛，汞非水銀，雖曰「鉛汞」二字，其實鉛中有汞焉。蓋黑鉛中原有先天真水銀也，故先聖以黑鉛爲黑汞，曰「鉛精」，曰「鉛華」，曰「鉛髓」，曰「金精」，曰「壬水」，曰「白虎」，曰「玉兔」，曰「先天氣」，曰「水中金」，曰「水中銀」（**蒲團子按** 原鈔本作「中銀」，漏字，根據習稱補「水」字），名雖不一，而總是先天一物也。此物能通靈變化。後天砂汞，聞氣而死。凡母得此，立成黃酥。

第起初伏砂汞，不過爲造己土耳，豈以砂爲汞哉？謂之曰「鉛汞」，只是白金一物耳。世人不知，專以黑鉛爲金、硃砂爲汞。先聖何不言「砂汞」而言「鉛汞」哉？殊不知功在鍊鉛，而鍊鉛之功，又在真火。得真火以鍊真鉛，鉛死方成戊土，戊土方死己土。

先師云：「制伏黑鉛養硃砂，硃砂實死爲真土。真土將來抱硃砂，接制清真能點化。」然點化之功效在砂，而根源實出於鉛精之神妙也。比如生人之道，受孕生子雖賴母之血脈，而交媾結胎，實稟父之精髓。丹經云：「牝雞自卵，其雛不成。」以此觀之，則知鉛之功莫大焉。此是借意而言，以明鉛爲生化之祖也。

若以理論之，黑鉛鎔化，猶之女子行經，經正行之際，縱然交媾百次，不能成胎。若經過已遠，交媾亦不成胎。黑鉛化清，乃金隱水旺，亦同經水正行之際，如何能結砂中之汞？必須鍊鉛極枯，沉盡癸水之濁，浮出真汞一味陽精，方能制砂中丁火。名爲枯鉛，實乃剛鉛也。非是黑鉛炒枯墜化的，又不是凡鉛面上枯出來的，亦不是溶鉛面上取黃金與金片等皮，只因先聖不肯說出這個竅妙，故愚昧之人，錯認諸般妄作，强合丹經，竟不知「壬水枯鉛」是何物也，是何形狀也，遂以「癸水礜塵」名爲「壬水枯鉛」，强名曰「聖胎」，何其愚之甚耶！

吾今指出壬水端的。且壬水本無形質，亦無斤兩，隱藏於黑鉛之内，若無採取之法，便將黑鉛入於硬池煅鍊，上面結成一餅老鉛，沉下者還是癸水。若入灰池一鍊，則癸水盡入灰池，結成爐底，壬水亦無存也。如配凡銀共鍊，雖成金花有氣之母，壬水盡成枯礜，母還是一塊頑銀。何也？蓋黑鉛之内，雖藏些許（蒲團子按「許」原作「須」，據文義改）壬水，未曾制伏，安能住世成形也哉？假使巧立丹爐，奇設竅妙，百鍊千燒，癸盡壬散，何能濟其事耶？且如世間凡汞有形之物，不以黃芽制伏，尚不受煅鍊，化爲清煙而去，何況先天真水銀恍惚杳冥不可得而見也？必須真師口訣，指示何物可以凝壬、何物可以尅癸、如何煅鍊，則壬水方能住世成形，潔白見寶，如出山銀相似，俱是無中生有。

曾經煅鍊一味純陽之物，以之制伏砂汞，如貓捕鼠，似兔逢鷹，以之鍊母，戰退銀中陰魔，體變黃酥，碎如金粟，乳砂汞以取虛無，所用無不妙也。大約白金七十二兩，只有半斤之氣，却是黑鉛三十六斤鍊成。**陳攖寧頂批** 白金七十二兩，只有半斤氣，却是黑鉛三十六斤鍊成。故曰：「八兩癸水鍊一兩，玲玲瓏瓏不敢講。神仙呼爲出世寶，一回鍊了一回好。」可見鍊去七兩癸水，留得一兩壬水也。

又曰：「達者去癸留壬，死戊憑何作用。」「留」之一字，與「死」之一字，各有法度。

又云：「金公脱却皂羅袍。」乃鍊去癸水也。「脱却」二字，自有制伏。「姹女便來交素體。」則知砂不在鉛上交，而在白金上配合也。**陳攖寧頂批** 砂在白金上配合。

又云：「採得鉛華砂自結。」鉛華者，乃鉛之精華，非水鉛之癸陰也。「採得」二字又有功夫，不可忽略。

又云：「以鉛中之金，去死砂中之汞。」不言以鉛死砂，而言以金死砂，其中必有妙訣也。倘若以水鉛作用，則金藏深淵，豈能自出以死砂哉？

又云：「水中自有真金氣。」乃黑鉛中自有之金，不假外來也。

又云：「鍊得鉛枯氣自生。」却不是鍊老鉛，乃鍊真鉛。

又云：「鉛遇癸生須急採。」癸生者，癸水下沉之際，真鉛欲散，故急用紅鉛招攝之，以勾繫真精，非取出鉛來也。**陳攖寧頂批** 癸水下沉之際，真鉛欲散，急用紅鉛招攝之。 紅鉛者，砂也，「朱雀炎空飛下來」是也。

又云：「採得真金果是金。」真金者，白金也，金與銀一體同生者也。

又云：「起初鍊就美金花，分清去濁方爲佳。」金花者，白金也； 去濁者，刮去癸水； 分清者，分出壬金來也。

又云：「鍊出真鉛始有形，要識浮沉顛倒妙。」黑鉛鍊出白金，是有形也。 夫金精藏深淵，以法追取，金反浮於灰上，水反沉於灰下。 試觀煎銀之象，鉛沉銀浮，其理自明矣。故云：「若無真水制真火，百鍊千燒總不成。」「真火」二字，不敢輕言，乃古聖之秘訣，鍊鉛之至藥也。 故云：「黑汞能飛走，陽鉛善伏調。」則知真火制真水之妙，在陽鉛善伏調也。

又云：「武火工多煅鍊精。」是鍊鉛中陽華也。

又云：「採得水中金半斤。」乃採癸水中金氣八兩，即半斤金氣是也。

又云：「牽將白虎來。」此乃鍊成白金了。

又云：「鍊鉛不是鍊枯鉛，鉛若枯時氣不全。」未鍊則氣隱鉛中，既鍊時不會收攝，則氣散鉛外，與追去魂的母一般，有何作用？**陳攖寧頂批** 鍊鉛時不會收攝，則氣散鉛外。

又云：「曉得鍊鉛便罷休。」欲要曉得，須假師傳。

又云：「鍊鉛纔是築根基，築基之妙有誰知。好把凡鉛來先種，其中有個大天機。」天機者，即陽鉛也。若識「天機」二字，作丹何難？

又云：「真鉛裏面有真金，不是鉛中山澤銀。」乃壬水是也。

又云：「灰池内灼定浮沉，見了方知造化深，不是盲燒瞎鍊成。」故云：「制鉛太過則躁，躁則散而無華；制鉛不及則柔，柔則陰而無力。」無華不可，無力不可，所謂「要知老嫩討分明」是也。「老嫩」二字，總之有華無陰也。

論至此，制鉛之法真且切矣。

又云：「真鉛者，外鉛而言固非，就鉛而言亦非，乃鉛中之鉛、鉛中之真精也。」外了黑鉛，真從何來？徒執黑鉛，則癸水濴固，真從何出？殊不知黑鉛中之真鉛，必用真火鍊退黑鉛，餘下真鉛，豈非鉛中之鉛而爲真精者乎？

又云：「灰池鍊精翻浪走，騰鉛倒製入灰池。」又云：「灰池鍊白液，華池運神水。」此名白金之所由存也。故以白金爲鼎器，則曰「神水」；以黑鉛爲池物，則曰「華池」。故云「神水入華池」也。神水，即壬水也。不入灰池，怎定浮沉？

又曰：「鉛中之鉛號曰『死水銀』，不是人間凡水銀。」人皆謂真鉛爲無質之物，若終無質，則真汞從何而依？故曰：「無質生質是還丹。」此言真鉛隱於黑鉛之中，真汞依成形也。

噫！壬水原無質，白金却有形，全要他實死，方成堅金。經曰：「風生坎户鉛生質。」此乃白金住世也。

又云：「自在真水波裏取。」是取真鉛於癸水中也。

又云：「大丹起手須鍊鉛，鍊得金花氣自全。」可見鍊鉛爲要務也。

又云：「天魂原是水中金。」又云：「水中金在黑鉛中，杳冥裏面覓金公。」又云：「鍊鉛無計覓真鉛，癸生之時採先天。先天便是水中金，千萬能有幾知音。四斤黑鉛都鍊盡，金自浮兮水自沉。」又云：「發付癸水何處去，付與灰池底内存。」又云：「礦石之中藏癸水，内隱陽精人不識。」如無退陰之法，即將養砂，是以陰就陰，豈不錯哉？

欲求鉛汞，須憑真土培之；退陰之用，在乎陽鉛。陽鉛者，真火也。此係天寶，不敢輕露。故曰：「真鉛無陰，方產嬰兒。」若癸水太旺，盡傷丙火，亦無戊己之功。若無真土，砂難降伏，癸陰不盡，丹何由成？

又云：「祝融南來鞭火神，驅入北海方成真。微微騰倒天地髓，癸水沉兮壬水升。」又云：「分明一味水中金，不是凡砂及水銀。」此言真火制真水，自然癸盡成真。

又有：「黑中有白先天精，先天自是金丹父。」可知白金即丹祖也。

又云：「鍊鉛須要極枯，必須真火制水，見火即枯也。」此火非硝磺砒硫之火，非五行數中之火，非人間薪炭之火，非焦頭爛額之火。有秘傳焉，是一神物耳，乃太陽造化所生，非真仙不能辨識也。故曰：「欲認陽鉛真火，須問太上金仙。」此之謂也。

經云：「鉛枯金現，鉛不枯則水旺。」金藏水中，何由得出？以火鍊之，鉛之重濁者沉而爲水，輕清者浮而爲金，所謂「水乾金自現」。

又云：「黑鉛非真鉛，内有先天水。」又云：「黑鉛内有真鉛髓。」可見黑鉛乃黑鉛之先天真髓也。欲求真鉛，當究陽鉛。欲求真水，當求真火。學者可不知所務哉？

金鐵秘云：「得明陽鉛真火，採而鍊，住世成形，一味純陽，以之死砂死汞，而鍊黃母，無不聽令，點化可立而得。不明陽鉛真火，皆是妄作，皓首無成。」

嗚呼！先聖憐憫將來，故著之於書。無奈世人不解妙理，妄意猜度，妄作不成，反怨大道誤人，獨不思己所爲何嘗與丹經相合耳。予未遇師前，盡在夢中說夢。既遇師後，乃知醒然說夢也。遂將平日丹書累帙，盡付丙丁，不存片字。嘻！燒却丹方莫再題，於今落得笑嘻嘻；自從認識陽鉛後，悔却從前盡是非。於是以昔日之非證以今日之是，於元始金誥之中摘取錦語，編爲除邪歸正歌、陽鉛辨雜歌並認鉛辨、鍊鉛心說等篇，簡易明淺，人所易曉。予豈好爲多辨哉？予初未悟，妄聽盲師，誤引已往。今已道成，不敢自秘，是以將鍊取白金火候，細陳筆楮。真火鍊鉛一節，概爲指要，庶後學得聞其旨，不惑於迷途邪徑矣。

認鉛辨

要鍊丹，先認鉛，世上凡鉛不是鉛。說破用鉛是何物，先天原是坎中骨。坎中真液號先天，液易主人鉛是塵。鉛是塵，即他家，欲尋主人莫離家。離家尋主非真主，主去家空鉛又差。鉛又差，家即是，只爲尋鉛人不會。不會尋鉛枉守家，尋至百年不相識。不相識，訪知音，先至他家覓主人。主人蹤跡藏深淵，杳杳冥冥有先天。**蒲團子按** 「冥冥」二字原無，根據文義加。識破浮沉真面目，西江擎出月華圓。月華圓，丹已孕，金水初分猶未定。些兒玄妙不能通，見火依然歸混沌。混沌裏，捉生魂，掀翻離鉛撼雷霆。殺機震動山頭裂，溫出先天無價真。無價真，清透體，一味鉛金金點水。枯髏點破露真形，功德巍巍見元始。見元始，是孤陽，還借黃婆作主張。說合青娥爲宅眷，白頭老子作新郎。作新郎，莫嫌老，青娥一見歡偕倒。千金一刻洞房春，魂魄精神拘束了。拘束了，號真鉛，得了真鉛棄假鉛。退盡鉛陰誕女兒，長男生下便非凡。便非凡，性還拙，乳哺薰蒸須透徹。須透徹，誕次男，次男雖好不轟烈。轟且烈，誕三男，三男超脫體精光。拋却祖宗囂塵土，點汞開茆不尋常。不尋常，成九轉，一轉通靈勝一轉。神功變化不思議，萬兩黃金隨手點。點得金，度得世，却把黃金鑄神室。神室中間丹結成，一粒延年千萬億。千萬億，本乎鉛，無質生質始號玄。踏破鐵鞋無覓處，看來大道在目前。在目前，誰認真，都用凡鉛鍊凡銀。**蒲團子按** 「在目前」，原鈔本無，據前後文義加。凡銀池内金花現，誤認真鉛是癸生。是癸生，真父母，凡母烹煎何足數。縱鍊千爐與萬爐，形質依然神不住。神不住，豈能剛，取坎填離是藥王。若無北海金公子，姹女如何肯伏降。不肯降，便走作，鐵石爲城也非出。妄猜妙法少師傳，安能識得第一着。第一着，不在此，只在先天這些子。這些子，節節真，一着錯時俱錯矣。錯中錯，訛中訛，世上凡鉛法亦多。不知先天本無質，妄將卦象去搜羅。似黃金，似膩粉，光似瑠璃堅似鐵。百般煆鍊要他枯，不是凡鉛渣與質。是渣質，不通靈，若要通靈氣與神。以神招氣氣即至，以氣合神神便靈。神與氣，知音少，恍惚杳冥中去討。不得此物作丹基，百鍊千燒頭難倒。頭難倒，枉費心，下手先須辨假真。**蒲團子按** 「頭難倒」原鈔本無，據前後文義加。假事煩難真事易，從頭說與鍊丹人。鍊丹人，莫自信，得遇真師須拜問。顏閔聰明莫强猜，况君心竅如昏鏡。如昏鏡，取琢磨，鉛汞生兮是怎麽。**蒲團子按** 「磨」，原鈔本作「魔」，據前後文義改。得訣歸來方下手，休教好事錯中過。鍊丹人，好養砂，牆壁精明未足誇。真砂產在真鉛裏，若是凡鉛豈用他。鍊丹人，莫乾汞，色變神枯也無用。鉛不真時汞不乾，萬計千方總胡弄。若三黃，若四神，粉霜骨紅漫澆淋。五金八石皆非類，不比真鉛真汞靈。鍊丹人，莫性急，立刻望成便不得。功夫不到不方圓，水銀詐死有何益。**蒲團子按** 「到」原鈔本作「倒」，據前後文義改。鍊丹人，心要專，皇天不昧道心堅。鐵棒成鍼終有日，何愁無分作神仙。鍊丹人，心要正，手裏無錢只安命。不得真茆尋假茆，損人利己虧心行。行已積，心復專，要得真法有何難。丹基便是水銀死，死得水銀便是丹。這水銀，壬癸精，不是人間凡水銀。凡物只可凡世用，怎比先天妙通靈。要死水銀無別藥，水火兩家相配合。屯蒙既未合天符，此是鍊丹真橐籥。真橐籥，祖師傳，不是真仙不識鉛。**蒲團子按** 「真橐籥」三字，原鈔本無，據前後文義加。說破鉛精真妙用，只用真精不用鉛。鍊鉛精，作真土，真土擒砂猫捕鼠。骨肉相依化作真，此是知鉛真出處。又名礦，又名砂，又名硬子與金華。曰華池，曰神水，金液交凝皆在此。二土河車名戊土，黑汞紅鉛同一體。若能了得個中玄，片時之間胎結矣。金花容易得，土氣是難收。若要元神住，忙將外藥投。這些消息子，還向個中求。

除邪歸正歌

除邪歸正歌，總來百句多。一見心如鏡，拍手笑呵呵。人說水銀是真汞，多少愚迷胡亂弄。或去共銀入鼎烹，一時詐死不終用。金石靈藥豈易成，輕紅膩粉治癢痛。桑霜八石一概非，浪說倭鉛能死汞。銅銀芽子與粉霜，水銀薰蒸求堅剛。草木烹煮如黑漆，百計胡爲把財傷。若要水銀把命絕，除非硃砂先脫殼。硃砂本是水銀母，母死兒子心歸伏。蒲團子按：「本」字鈔本原無，據文義加。砂中精液一團陽，如何教他不飛揚。或將鉛質來烹煮，打破依然見紅光。若用凡銀薰蒸法，除了硃砂銀盡折。又鍊金鼎砒養砂，老鉛化盡終無得。或炒枯鉛粉作田，內種砂子號青鸞。任他多方胡弄法，入火終是一溜煙。要死砂汞作天硫，必須真土爲丹頭。流戊就己功夫妙，青龍降伏紫雲收。硃砂八兩天硫四，神火煅鍊多靈聖。惟有戊土制己土，除此之外難兼併。戊土原是癸水精，纔號先天真水銀。不是凡鉛熔鍊者，豈比金片與陀僧。神仙呼爲水中金，不是凡間雪白銀。八兩癸水鍊一兩，三十六斤成半斤。四斤黑鉛池內鍊，七十二數從此算。鍊爲坤策與乾爻，壬水住世無消散。純陽真氣從此生，戊死纔得己土擒。更有陽鉛伏性訣，性伏方堪去鍊精。怎奈迷途不肯信，眼前看着都不問。此物攜來制黑鉛，分定爻銖細細進。癸水一見便生愁，壬水見了兩情應。看看死倒水中金，留神住世真英俊。這般纔是鍊真鉛，真鉛死砂有何難。此理不明空煅鍊，鉛消金散只徒然。鉛裏聖金先天氣，說破玄關須仔細。恰似中秋玩月華，捉住銀蟾在此際。硃砂聞氣立刻死，水銀一見即時斃。五金由此來歸依，八石轉制皆聽令。幾人悟破此真鉛，須要真師口口傳。不然終在南柯夢，枉費精神誤百年。

陽鉛辨雜歌

要識陽鉛體，莫將凡雜擬。一物訣破他，大地是黃芽。草木不同氣，亦非金與砂。八石内無有，銀銅鐵更差。一味先天物，造化爐中出。本從無極生，一任火功爍。真陰真陽髓，假名爲赤蛇。東西與南北，到處是他家。冬來不結子，春至不開花。不是凡間有，亦非天上求。有緣能得此，丹事自無憂。若還尋不着，休將鉛汞說。無緣人遇此，冷笑不心悅。有德人遇此，拍掌稱奇絕。神丹與爐火，俱要這妙藥。不將此伏鉛，成丹萬萬難。若問爲何物，先天真白金。□得吐金花，癸水成嚣塵。無質還生質，壬水手可擒。雖云白虎髓，却是青龍精。佳名難盡表，一日乾水銀。許多凡雜數，獨此能成真。

同類印正

胡粉本黑鉛鍊就，若投以猛火，則仍復爲鉛；冰雪乃陰氣結成，若沃以温湯，則解化爲水。何也？反本還原，其理然也。鍊金之法，以硃砂爲主，而媾以水銀。蓋水銀生於硃砂之中，與砂爲同類之物，所以相成而成變化者也。悟真：「竹破還須竹補宜，覆雞當用卵爲之。萬般非類徒勞力，爭似真鉛合聖機。」蓋真汞得真鉛，一陰一陽，氣類相感。經云：「同類易施功，非類難爲巧。」聖人以鉛爲黑汞，是水能生木。上弦兑金出是鉛中，是金藏於水，乃名「地魄」也。以砂爲紅鉛，是木能生火。下弦艮銀出自砂中，是木藏於火，名爲「天魂」也。是爲水火相制，金木交併。故云：「紅鉛黑汞大丹頭，從紅入黑是真修。紅取精矣黑取髓，取得紅黑藥無比。將紅入黑得長生，用黑入紅天仙矣。」嗚呼，旨哉！

金水印正

白者，金也；黑者，水也。丹法以水爲基，而金精生於水中。故經云：「知白守黑，神明自來。」又曰：「真人自出現，出現洩真機。」真人者，元神也，即黑中之白也。天一生水，居五行之首，故爲道之基。水一加土五，是爲水之成數，乃「玄含黃芽」之象也。玄含黃芽者，水中產鉛也。鉛爲五金之主，在北方玄冥之内，得土而生黃芽。黃芽，即金華也。金華乃鉛之精英，故鉛體外黑内白，而精華隱於其中，猶之寶藏於褐夫之懷也。又名「北方河車」，即帝車也。以其隨天河而輪轉，故曰「河車」。夫金鉛生於水，得真火煅鍊而出，則河車不敢暫停，運入崑崙頂上方止，故曰「水自有明珠現」。

金丹印正

金液九轉大還丹，稱之曰「金丹」，乃精液壯盛之時，竊取天地正氣結成聖胎，豈有不能開點變化、服食成真之理？且世間萬物入火皆壞，惟真金不壞。蓋五行相生，始於水而極於金。而金之爲寶，溶之得水，擊之得火，其柔象木，其色象土，四象具備，故真金經百鍊而愈堅，未嘗失其本體之重。又况本性堅剛，自開闢以來，不知經幾千萬歲，歷受日月精華，故土埋不朽，水浸不入，火焚不然，爲萬物中至寶，宜乎神仙以此爲重。所以不曰「水」「火」「土」「木」之丹，而獨名之曰「金丹」。丹者，赤色也。硃砂之本體，出自南方離宮，故採北方坎宮之白金以爲母。水中金名水銀，而硃裏汞亦名水銀，乃同類相從，不過以先天制後天耳。金誥有云：「巨勝尚延年，况爾九還丹。修士服食之，壽命自長延。」巨勝，胡麻也。

金父水母印正

土居中宮，故稱「黃土」。土能生金，故曰「黃土金之父」。木汞性浮，走動不定，故稱「流珠」。入於水中，則結成真金。金能生水，故曰「流珠水之母」。土本生金，金本生水，今也，土入於水中，則水爲土所制矣。水受制則不能載金而上浮，必得南方朱雀之火猛烹極鍊，則火盛水沸，朱雀入水啣金隨水而上浮矣。及水沸上騰，離火反爲坎水所尅。火被水尅，則壬金得保而住世矣。然水又不可太濫，於是又以坤土尅水，水得土即止。水、火、土三姓合而爲一，俱歸於坤位，故曰「三姓一家居」是也。金誥經云：「黃土金之父，流珠水之母。水以土爲鬼，土鎮水不起。朱雀爲火精，執平調勝負。水勝火消滅，俱死歸厚土。三姓既會合，木性同宗祖。」

純陽子呂巖氏題

「了得一，萬事畢。」大哉一乎！其千經萬論之源、千變萬化之祖乎！信乎，「天下無二道，聖人無二心」也。故曰：「萬卷丹經語總同，金丹只是此根宗。陽鉛一訣如能悟，奪盡先天造化功。」嗚呼，秘哉！世間旁門小術，其法繁難，易遇而難成。金丹大道，其法簡易，難遇而易成，惟用砂鉛二物採鍊水中真金，以臻九轉大還。雖愚夫愚婦，得而行之，亦可以超凡入聖。是以天戒甚嚴，不許輕示非人。而世之願學者，不有夙緣，亦難遭遇。故太上不秘天寶，作之金誥，言言精確，字字真機，煥若星之炳漢，明如水之朝宗，真億代鍊丹之龜鑒也。指玄篇云：「多少經文句句真，流傳只是接高人。非於大道神仙惜，自是風流不誌心。」或者乃信迷盲之說，而妄爲神仙誑語。噫！神仙豈誑語者哉？夫太上留傳丹書於世，接引後學，其間議論昭然可考，未遇者固可於此探討，既遇者亦可於此印證。古之得道者，莫不皆然。考之上士，始也博覽丹書，次以遍訪道友。以道對言，所參無異議；以人驗道，所師無狂徒。後之學者，豈可謂口訣不垂竹帛，而竟不留念也哉？若云我自有秘傳，其言藥物、火候，乃古今丹書之所無、太上金誥之所不言，則亦妄人也已矣，未足與議也。古語云：「讀書百遍，其義自見。」百遍且然，況千萬遍哉？蓋誦之日久，縱未得先聖口訣，亦當自悟。其悟多在深夜或靜坐。蓋精思熟味，反覆研求，蓄積者多，忽然貫通，此之謂「神明或告人兮，心靈將自悟」也。又云：「思之思之，鬼神通之。」非鬼神之力，乃精誠之□□。昔正陽仙師以金誥授余，且囑之曰：「願流布此書，當有因書而會意者。」今吾與了也，然此誥中大丹藥物、火候細微之旨，無不備悉，有緣者覩之，可以尋文會心，妙理自明也。不然余何苦謞謞立此空言，厚誣子之用心也哉？故曰：「下學可以言傳，上達必由心悟。」信不虛矣！

煙雲子　傳　謝季雲　抄錄　陳攖寧　校訂

黃白指南車

黃白指南序

嘗考玄女創指南以分天地之位，周公作指南以示越人之歸。混沌未分，無極而太極；鴻濛既判，象成而形成。此其理，乃先天也，而後天用焉；後天也，而先天立焉。斯前聖人知之而創之，後聖人明之而顯之，故因象制器，特顯庸焉已耳，亦未曾明彰至理、盡洩天機，況黃白之道乎？且黃白之道，係天人默護，志士潛修。隱秘之，恐大道不著；宣揚之，恐匪類爲私。此上古仙每於功成之後，各撰丹經進陳上帝，奉勅流行，撥將守護。其書之藥物配合、火符節度，絲毫不爽，冀凡世之修鍊内丹者，舉外丹爲印證，用丹財爲養助。丹經之載，豈欺我哉？

憶愚幼時，知識甫開，即慕黃白之道。覽羣書則貪點化，訪鍊士則遭欺騙，千燒萬鍊，毫無成功，家貲耗散，落魄遨遊。於西蜀錦城之市，得遇吾師。叩請姓字，戒以稱揚。出手書一册，示曰：「此黃白指南車，係吾所著作也。口訣、手法，悉露於斯，子其遵之凜之。」愚受而歸，告貸舉手，依然不就。復謁求師。師乃笑而言曰：「汝之理明法備，猶復敗事者，非道之不靈，乃汝之德行之未周、前愆未盡，且多狂妄，兼與黃麗隆言之。」愚惶恐悚惕而對曰：「弟子知過矣，弟子今改矣。但斯人亦屬燒鍊未成，爲道窘急。愚意約之同修耳。」師曰：「善哉，善哉。歷仙有戒，爾何忽焉？吾昨至上清宮見爾名之下註有『妄傳匪人，降除福緣一半，遲候十年，候功折算』。至若黃麗隆，竟於得書之後，賣法榮身，蓄奸行騙，今已勅差神將奪其所成，更核過惡，殛報有日。汝宜修德培心，俟其暴卒後方可安爐立鼎，萬無不成之事，亦無不成之理。」愚灑淚辭歸，靜俟二載，麗隆果卒。復行試鍊，見火火之景象，若合符節；經次次之轉制，應手而成。始信欲成神丹之妙以自妙者，必先合天地之心以爲心也。古云：「天心喜悅，聖真扶持。五帝待衛，八將隨身。」豈虛語哉？

今感師恩，恍然頓覺，不啻天地之得指南而定、越人之得指南而歸也，豈忍師之書與師之名俱湮沒無傳哉？况南爲離明之象，得斯指示，庶車轍無紊，而使黃白大道彰於尺幅之上、修鍊志士遊於矩矱之中，令今之天下車同軌、書同文、行同倫，俾閻浮世界變爲大羅仙境，豈不幸甚？然師之意不惟不欲傳其名，抑且不欲傳其書。愚敢違師之誡乎？蓋師之隱其名、秘其書者，乃願世人核實而不務名之意也。愚非遵之，乃傳之，使有志之士，藉此助彼，因外修內，將功成名立，飛身玉虛，以企予之願望焉，庶可少釋愚漏洩之罪，抑可大彰師無爲之化也。是爲序。

西山煙雲子李遇龍謹誌

黄白指南車全卷

煙雲子　傳

七言律詩二十首

一詠採金

採金道理最幽深，寄語丹家子細尋。鍊北須施乾巽火，投南必待地雷臨。金蟬上下池中現，野馬氤氲海底沉。姹女鉛池因沐浴，霎時染上一身金。

二詠薰蒸

明火薰蒸爲養神，河車裏面鎖陽春。莫教火大溶花蕋，只怕池寒滯水銀。正是砂鉛初結聚，全無煙火乃成真。一香方把金胎出，炫目玲瓏最可人。

三詠超脱

初入陰池爲養胎，只緣金在水中埋。五天一頂三方火，末日平肩既濟開。長出松花真宰也，生成金粟果奇哉。獅頭橘樹非虛語，不遇明師莫强猜。陳攖寧頂批　承志錄云：「龍吟龍嘯聲無二，豢出蟾宮共一家。五日三方文火足，癸生金粟似松花。」

四詠沐浴

因水漂沉沐浴名，恐他重濁累輕清。千迴萬轉研磨細，覆去翻來無有聲。下降應知爲癸質，上浮自識是金精。雖云戊土還宜鍊，鍊却餘陰陽自生。

五詠進火　補

纔出坎宮質不剛，還須進火始純陽。陰魔不藉丁公吐，濁氣焉從姹女亡。時定周天須仔細，藥分銖兩要精詳。一經戰罷羣魔後，此外呑金更有方。

六詠祛陰　補

祛陰須要覓西施，西北兩家會有期。二八佳人臨鏡候，九三公子入房時。銖銖踵息宜稍緩，刻刻防危莫暫馳。記取新婚休惓戀，寅生戌庫好分離。陳攖寧側註　「火生於寅庫於戌」。陳攖寧頂批　承志錄云：「八兩先天配後天，玉池封蓋入爐煎。生寅庫戌須加慎，踵息凝和弗驟寒。」

七詠鍊母

照前戊兑入鸞房，火候周天不畏剛。戊土真鉛烹漸赤，兑金庶母煅微黄。雖云鍊母真奇訣，實是枯鉛至妙方。直待三家相見後，數終九九始純陽。

八詠制戊

真鉛庶母兩相平，交鍊陽池不計程。用戊烹銀銀氣足，將金煅土土身輕。身輕方好將砂制，氣足何憂莫乳生。插骨追魂功用廣，丹家少此必難成。

九詠死己

八兩真鉛四兩砂，土爲田地火爲家。共爲細末重幃入，上把浮灰四指加。泥釜嚴封須謹慎，灰缸温養莫教差。三方一頂三朝足，暗進玄元實可誇。

十詠追魂

若問追魂事的端，妙將戊己打成團。風爐烹得晾凝餅，水盞昇來汞繫盤。火約三香分小大，鑽從四指定炎寒。餘陰去盡還須鍊，鍊就刀圭起大丹。

十一詠插骨

取出鉛晥配聖銀，明爐插骨始成真。周天符候池須固，百刻功夫火要均。水滅火光原自易，火吞金氣亦相因。還須轉接經多次，方得刀圭二土勻。

十二詠三家並鍊

兌金側註　銀己土與狂夫側註　戊，原貴三家彼此需。戊土無銀陰不盡，兌金賴土體方腴。天晥借戊將身立，戊土憑晥把氣扶。二土陽剛因兌鍊，兌緣二土鍊黃酥。

十三詠分圭

戊己雖停在一堆，夫妻從此要離開。混元鼎內威光烈，八卦爐中大火催。既未三天分二土，功夫百刻判三才。丹家有此三般寶，辨道何憂乏貨財。

十四詠栽接補

天晥分出又如何，晥伏晥兮信不訛。此日栽培應博厚，異時生育乃婆娑。添新續舊今猶昔，集腋成裘少漸多。莫道通靈非轉制，且將金穀細研摩。

十五詠鍊己

總因己土未純陽，復向西鄰求補方。離兑同煎神愈旺，丙辛相尅體彌剛。金因火鍊騰紅彩，火受金烹燦紫光。迨至功成返粉後，養砂生子號親娘。

十六詠戊土

須知戊土出鉛中，內有先天祖氣充。陳攖寧頂批　祖氣，真父。六子無他妨返活，長男少此不玲瓏。真鉛漂出黃金體，庶母煎成白玉容。再合三家九九鍊，生生化化自無窮。

十七詠己土　陳攖寧頂批　真母。

己土雖由丙火生，若非戊土也難成。況加庶母頻頻鍊，自使天晥漸漸盈。返覆制成紅玉粉，究來還仗紫金精。養砂乾汞渾閒事，真母神靈妙莫名。

十八詠兑金　陳攖寧頂批　庶母。

金鼎爲名與理符，胡將庶母去稱呼。只緣與祖同宗派，故使含精乳子軀。戊土因他能變色，天眈假此煅如朱。汞砂插骨成仙寶，名以黃酥信不誣。

十九詠過關

硃砂實死要清真，空養三天氣始純。燒試全然無氣燄，脫胎方可見元神。白金配鍊鉛遮面，黃母薰蒸火固身。此是過關玄妙訣，千金莫向俗人陳。

二十詠點化 補

養得汞砂一粒乾，時人莫作等閒看。開茆點缺原非假，脫皂伏尸信不難。藥到三胎爲妙藥，丹成九轉是靈丹。仙師鍊此非貪利，助己雙修並極寒。

黃白指南歌

先制戊，後死己，戊己源流本一體。只緣太極乾坤交，分出陰陽男與女。欲求助道亦不難，先須洞明鉛汞現。鉛汞現，載丹經，細心研究理自明。理明好把真師訪，交談即可辨假真。真師制土須百日，邪徒妄講立刻成。陳攖寧頂批 制土要百日。若非試方即射利，妖言宿構惑人聽。鍊丹人，休輕信，丹經分明可印證。真師說法自合書，盲師開口便不符。非云用銀再不成，即說沾鉛陰氣重。堪笑愚徒不知羞，問他那是真鉛汞。真鉛汞，天地精，萬物非此不能生。先天壬水爲父氣，後天丁火乃母形。鉛彈金精藏北海，砂中木液隱南溟。姹女叩門歸於海，金郎一見喜相迎。形與氣，俱難見，丁壬妙道方纔現。二物結成龍虎胎，立住形體好制鍊。氣時纔出水晶宮，又要移居火燄殿。五天文火功養胎，末日既濟大火鍊。大火鍊，真奇哉，逼得真金出水來。真金出水松花樣，片片層層池面開。**陳攖寧頂批**　三超脱。摘下金花另轉制，再行沐浴休疑猜。輕清浮上濁沉下，一斤二兩是真材。**陳攖寧頂批**　四沐浴。是真材，即戊土，丹家稱此爲真父。雖然分去濁體形，内懷陰氣要全吐。只因丹法貴清真，故配兑金再溶鼓。三翻交鍊袪戊陰，兑金體變黄酥母。黄酥母，還不酥，戊土微陰也要除。再配生砂爲死己，暗進玄元世上無。三方一頂養三日，火升去汞除陰符。汞入□中己鍊戊，真鉛配鍊莫躊躇。莫躊躇，周天火，□個時辰住亦可。取出二土再配砂，養火升汞□如左。一配一鍊九九完，戊己相停方爲妥。鍊□己土並黄酥，既有真種易結菓。易結菓，二土□，戊己入鼎大火焚。既濟未濟三晝夜，纔得戊己兩離分。若不離分再煅鍊，戊要八兩己半斤。既分圭，二土別，戊暫收存己再接。生接熟，舊接新，新舊相平氣始盈。養鍊配合照前日，須知博厚乃通靈。老與少，俱一般，好向瑶池去合歡。西舍女娘同赴會，三朝九夜共盤桓。盤桓久，陽氣充，黄酥體態映日紅。更訝離園仙眷屬，寶光直射斗牛宫。此己土，爲真母，返粉擒砂猫捕鼠。須知擒砂先伏氣，二戊一硃入土釜。一頂三方三七足，取出此砂用汞煮。用汞煮，恐損傷，内縛傳羅外隔土。十二辰，火周天，務要先文而後武。旦是水銀烹金精，不遇知音莫亂吐。紅衣脱去莫穿衣，穿衣須要尋真父。尋得真父穿好衣，穿破衣衫覓真母。親母養兒三七天，將兒又託黄衣母。黄酥母，抱三五，三五之間三换乳。乳足方可去鍊神，空養三朝妙絕倫。燒試全然無煙火，硃砂實死立成真。生砂固體入陰鑽，脱去天硫即成銀。脱胎全賴通天火，過關須要尋父親。非父親，難絕命，此是丹家一大病。若不蓋鍊日消磨，子孫如何能入聖。此汞雖然能鍊銅，豈肯輕用如土糞。神火固身養三日，周天火候提靈性。提靈性，返作塵，任養硃砂乾水銀。二子同前養乳鍊，脱胎照舊鍊元神。三子乳哺有死汞，不用脱胎妙絕倫。靈田種穀無邊利，助道之餘暗濟人。

黄白指南總訣

夫黄白之術，其理與天地陰陽五行配合相仝，非細事也。蓋真鉛真汞，乃陰陽之真氣，附於後天砂鉛凡體之内，若非聖人道破，後人烏能知之？然真汞位於南方，而爲火之正位，其卦屬離。但離之中爻，實爲坤之中爻走入乾宫，破乾爲離，故名曰「白」。離即先天乾位也。真鉛位於北方，而爲水之正位，其卦屬坎。但坎之中爻，實爲乾之中爻走入坤宮，變坤爲坎，故名曰「黃」。坎即先天坤位也。故明鏡匣云：「乾黃坤體白，黃白藥無比。只用黃白精，不用黃白體。黃金硃砂父，白金水銀母。若要識真汞，黃金內神火。若要識真鉛，白金內神水。」但坎中真鉛非離中真汞鈎引他不出，離中真汞非坎中真鉛制伏他不住。

所謂黃金者，本於丁壬之真水火而凝結也。故將砂投鉛，採取鉛內金氣陳攖寧頂批 採金，乃是姹女求陽。陽爲陰誘，木火叩户，金郎出迎，妙在無煙。陳攖寧頂批 以砂投鉛之時，若不用蓋子，總是要起煙。此所云無煙者，必是將砂蓋住。金精之氣方纔凝結，其鉛精包汞火，汞火載鉛精，泛然而上浮矣。陳攖寧註 觀「包」「載」二字之意，大約是將砂放在鉛下面，而鉛之上面又加蓋。此乃丁壬妙合、水火既濟之功也。玄哉奇哉妙哉！須知採金乃鍊鉛之真機也。

又必養神一日，謂之薰蒸陳攖寧頂批 薰蒸，即漁莊錄云「熱火冷鉛爲薰蒸」之謂也。此乃第一機關起手要訣。又云：「老則太枯嫩則散。」其叮嚀之意可謂至矣。智者味之。

以上採金薰蒸之機也。但採出真鉛，雖然形體光明，大半凡鉛包裹。採金歌云：「砂鉛身上取虛無，這個虛無方住體。片片紛紛飛金花，其時土中還帶癸。」又云：「鍊丹人，再會意，發付癸水何處去。此意便是鍊鉛訣，這樣妙訣何人會。」學者當於此處着力，研究去癸水之妙理，則真鉛方能現形。況二物交合，只得二候，真鉛體嫩，尚未實死，因此再入陰池，爲之養胎〔陳攖寧頂批　陰池養胎〕，以足其氣，以老其形。故曰：「陽池只在片時間，入了陰池不等閒。十二時中尋火候，莫教火大洩機關。」夫機關者，前四日灰缸，火不可太大，後一日既濟，火不可太小也。黃母靈根云：「初胎不養，金水難分。清濁混淆，大藥難就。」故必升養戊土方出，而清自浮、濁自沉。浮者爲金，沉者爲水。再將金花漂澄：細者輕清，上浮爲戊土；濁者重墜，而下沉爲鉛。此壬癸清濁之分也。三種金蓮云：「既未要分明，施文時，四日停，武火煅鍊休遲冷。一日準平，再烹可成，莫教火候不相應。妙薰蒸，禾苗成熟，候到自然凝。」琴火重光云：「金木相逢却有情，龍吟虎嘯早聞聲。從此金粟松花長，五日三方火候平。」註云：「虎逩陰池魔方退，丁公罷庫見獅頭。不教癸去他鄉，黃輿何由可造。神仙切緊機關，莫與非人浪說。」陳師云：「開看陰池別有由，瓊琳玉樹結獅頭。如斯造化陰符退，方入陽池鍊赤虬。」此爲陰池鍊形養胎之法。如陰池鍊過，開看未見獅頭，乃陰符未退。再鍊一伏時，是必獅頭朵朵相生，方入陽池煎鍊。此取戊土口訣，是超昇天旒脫去癸水之機也。其真形上浮，如粟如豆，大小不一，所謂「金粟」「松花」「獅頭」「譎樹」者，此也。〔陳攖寧頂批　按「金粟」「松花」「獅頭」「橘樹」四個名字，大約是一件物事。〕此乃超脫之真機，萬金不傳之秘訣也。

每池昇取真金，只得一二兩不等。雖然分去濁體，恐其陰質未盡，故行沐浴之法〔陳攖

寧頂批 沐浴，澄去其未盡之陰質，而清者自浮，濁者自沉。黃白鏡云：「夫沐浴者，乃洗濁之別名也。」三種金蓮圖解云：「金花朵朵是黃金，水銀所化；黃金制取金花粉，真母丹基。火定浮沉，別乎上下；水分清濁，辨乎高低。」以上歌訣，俱是沐浴。漂取戊土，澄去陰質，即真鉛也。每昇出真鉛一兩，漂淨只得八錢。秋日中天進道歌云：「三十六斤黑鉛水陳攖寧頂批 三十六斤，計五百七十六兩，七十二兩陳攖寧頂批 七十二兩，計一千七百二十八銖硃砂配陳攖寧頂批 是每兩鉛配三銖砂。水火成團藥祖宗，煅鍊功完天地位。甲壬乙癸何所成，西家少女爲婚對。五百七十六數終，方得八兩真鉛氣。」金水鉛汞歌云：「四九三十六，方得半斤氣。解得這個理，始爲仙眷屬。」乃是以硃砂四斤半陳攖寧註 即七十二兩，投入黑鉛三十六斤之內，二物配合，凝結成胎。歸根只取得淨土八兩。神仙之法，豈欺我哉？

然戊土漂去濁質，陰質雖無，陰氣尚存。而丹法不容一毫陰氣。陳攖寧頂批 進火。黃白破愚云：「他無玄妙，妙在無陰。」斯言盡矣。於是鉛汞兩家，如前配合銖兩陳攖寧註 鉛一兩，汞三銖，養鍊三周。秋日中天云：「結胎之鉛，須要配硫養過。此着功夫，最要詳察。」學者慎弗以爲煩瑣而忽之也。

自此以後，乃配凡銀同入鉛池煅鍊。名曰鍊鉛，即是鍊銀。須要鍊而復鍊，祛盡餘陰爲妙。陳攖寧頂批 祛陰鍊母。而凡銀又得戊土之氣，兩家相需，彼此依賴。是戊土非凡銀，陰氣不盡；凡銀非戊土，形體不剛。此乃制鉛鍊母之秘訣也。琴火重光云：「八兩猶然帶癸，後天更要分爻。西鄰少女太妖嬈，全仗消陰物料。池有陰陽禪代，火分寅戌暮朝。九天雲散月輪高，鍊得鉛枯則妙。」又云：「誰辨先天與後天，金郎少女結姻緣。配來二八池中鍊，庫戌生寅火自然。」註云：「鍊母鍊鉛，原非二事。分胎既定，方配後天。池用陰陽，自有分別。陰是鍊鉛，以消陰魔。陽是鍊銀，以足陽氣。若此訣不明，盲燒無益。」金水大丹陽池歌云：「開看陽池見聖靈，絳霞籠月寶珠明。秋潭蝌吐金櫻沫，方是中央真土生。」訣云：「更用固濟硬池，坐於爐上，四圍炭培，入二物於其中，大火九時，勿令稍緩。火工一到，造化自生。此爲陽池感氣吞金之法。若真氣不足，子亦難成。功夫全在於此。煎鍊良久，鉛不受鎔，泛泛而上浮；銀吞氣足，隱隱而下沉。初若巨蝌之吐沫，畢如老蚌之含珠。須臾浪息波平，頃刻雲收天霽。冷定取出，外爲狂夫，一名真鉛；內爲真土，被褐懷玉；中藏先天真一之炁，故名黃芽。俾令吸汞，如磁引針，嬰兒見母，兩情眷戀，兩意難分。其神異靈妙，自無比矣。」以上口訣，俱是祛陰鍊母之真機也。

雖云用凡銀鍊鉛以去餘陰，正是用戊土鍊凡銀而使其懷氣也。**陳攖寧頂批** 制戊。此際凡銀真氣雖未充滿，而真鉛餘陰將盡，已成戊土矣。丹家有此戊土真父，何患不得己土真母？**陳攖寧頂批** 死己。是以再將戊土配砂，入於灰缸，温養三日，上水下火，昇去水銀，戊己二土，凝於鑽底。取出復配兑銀，三家煅鍊九時，是戊賴己而陰絕，己賴戊而住體，土賴銀而形堅，銀賴土而色赤。故經云：「戊土功成玉粉嘉，鮫綃火養吐光華。功夫到此須求己，結就刀圭始足誇。」註云：「汞入霜中，晲居鼎底，制玄元以降燥性，歸玉池以鍊金精。一後一先，不容紊亂。若去薰蒸砂皮石殼，可惜夢中作夢。」又云：「若馴龍性事非輕，金氣雖降未肯平。解把浮陰昇盡了，三家合一鍊方成。」註云：「晲珠爲龍，極難馴熟。氣精交姤，未盡純和。若不昇去浮陰，尤恐尚留頑髓。三家合一配鍊，節節差殊不得。」又云：「坤爲母兮兑爲兒，來來往往奇又奇。金爲夫兮火爲婦，顛顛倒倒無容錯。纔得戊己相停，又要次次配兑金煅鍊。」以上俱是制戊死己追魂插骨三家配鍊之真機也。

但戊己雖然相停，尚在凝結一處，故必分清，方好轉接。**陳攖寧頂批** 戊己分胎。琴火重光云：「黄房戊己密多時，陽滿應知别有期。四九時中勞丙叟，兩弦真氣始分離。」是將戊己二土入於土釜封固，大火連天，三日三夜，兼用既未功夫，而戊己分胎矣。否則再鍊，務要戊土八兩、己土半斤，方爲合法。以上二訣，乃分二土之真機也。

三家入聖之妙訣，盡洩於此矣。詠三家詩云：「紫泥光射海天東，金餅花團一朵紅。白玉粉成紅玉粉，千枝萬派盡朝宗。」**陳攖寧頂批** 承志録云：「笑看花簇紅綾餅，喜羨光浮紫色泥。更訝盈盤紅玉粉，三家共育聖嬰兒。」按：紅綾餅比庶母，紫色泥比己土，紅玉粉比戊土。三家形色，必如此方妙。

否則再鍊，並無別法，惟有金火而已。蓋金火不是再鍊爲火，亦不是黄晥爲火，更不是凡銀爲金，乃砂中之真汞實死而爲白金，鍊之久久，真氣充滿而變爲黄金，金中生火，化爲黄液，乃爲金火。丹家既有戊土真父、己土真母，砂汞聞氣而死，生子生孫，又何難哉？點化乃易事耳。服食飛昇，亦由此而有基也。

智者詳味此篇，其中做手節次，無不備載，探討研究而自明矣。虛心再訪明師，指示砂鉛配合、採取先天、白金投砂火候，其餘以此印證，下手即成。如以爲難，何難之有哉？

雜詠七絕十首

其一

百般煅鍊爲純陽，退盡陰符體自剛。試想陰符何所退，須將此理細推詳。

其二

硃砂實死賴真金，實死真金却有陰。若得無陰即點化，自然砂死汞通靈。

其三

雖然戊己兩相將，全仗凡銀鍊體剛。二土無銀難紫赤，凡銀賴土即酥黃。

其四

砂憑戊土體方凝，戊土因砂陽氣增。兌鍊土剛金返赤，金烹戊土似霞蒸。

其五

真鉛真汞兩相歡，纔得天晥結成團。水把火光來潑滅，火將水氣定煎乾。

其六

洗出天晥也算清，豈知真體尚含陰。故將少女〔陳攖寧註：兌〕頻頻鍊，更把硃砂屢屢烹。

其七

屢屢烹砂鍊兌金，誰知暗裏把砂擒。九陽兌化黃酥體，更又消磨戊土陰。

其八

點化全憑汞與砂，汞砂實死賴黃芽。若還純紫無陰氣，方是丹房老作家。

其九

半斤戊土水中金，須向黑鉛砂裏尋。四九凡鉛硃砂八，分池採取定浮沉。

其十

砂爲離日鉛爲月，日月相交月始光。若把此光能取出，鍊鉛制己作丹王。

後跋

噫！此黄白指南車者，非余之僞撰欺世也，非余之私智自逞也，乃傳師之所傳，而更集諸經中要言以增述之者也。念自訪道以來，三十餘年，盲鍊瞎鍊，備嘗辛苦，至雍正乙卯春，幸遇白衣王師，指示以鉛内投木火之法、金木交併之玄，余始將天地掀翻，取乾坤爲鼎器；坎離顛倒，運日月爲火符。質諸丹經而豁然貫通，歷諸魔障而超然入妙。迄於今，乃悟師隱名號之智。然於今益信師垂恩德之深，敬將姓氏以留題，仍抹職銜爲白衣，書紳佩戴，高蹈遠隱，何其樂也！然每見世之燒鍊者，放山頭之金雀，出火内之真人，是以有限之產撈海底之針也，豈有成效哉？能無憐憫哉？爰將此黄白指南車一册傳示後學。原本律詩十六首，以明二八之數。——仙舟李保乾。復添補四首，以露承接貫串之機。至若指南歌一篇，指南總訣一篇，雜詠十絕，已將丹道精微盡行吐露。願專心致志之士，細細咀嚼，一一參詳，則百世上下，共爲知音，同登道岸矣。然可爲知者道，難與外人言也。

三丰張玄玄　著　陳攖寧等　抄

地元正道

地元正道圖序

鴻濛未判，道寓天地。天地既分，道在人間。由是太上出焉，推窮鉛汞，假易道而爲坎離，究金水以證陰陽。鍊士本之以爲丹母，烹成黍米之珠，結就刀圭之藥，而復其舊時之真也。故作九圖以證九還。蓋道始於一氣而生兩儀，兩儀位三才，三才生四象，四象藏五行，五行有六居，六居具七返，七返列八卦，八卦證九還，以爲地元之旨。嗚呼！返還之道，豈有圖式？因人不識道生於一，自九還至十而終，以象胎完之理。若於五金八石中求，草木灰霜内覓，而欲丹成者，不亦難乎哉？或謂真鉛乃有形之物，真汞爲有體之形，真土乃有形之道。悲哉！又謂真鉛爲虛無煙，水面黃皮爲天晥，誠可笑也。或謂真土有形，乃以銀鉛而取戊土，以砂汞而取己土，相隔遠矣。吁！豈知二土本一氣而生、一派而產、陰陽相姤而結與「用鉛不用」之微哉？故會圖意以開末學，庶莫我罪云。

永樂二年孟冬月三丰自叙

地元正道圖釋

鴻濛未判象何生　内隱三般精氣神
朕兆一陽爲坎位　相須地二産華英

無極圖釋

詩曰：「鴻濛未判象何生，内隱三般精神氣。朕兆一陽爲坎位，相須地二産華英。」

無極之圖，出自太極之先。鴻濛未判，生於太初之始。混沌中有形兆，杳冥裏無形體，生於天地之始，號曰「天乙」。經三萬九千七百九十萬億而始成。附形於地二之火，水火既濟，以之成象。初有離明被水火相激，始生中土，名曰「黄帝」「地祇」，方有坤母生成之道。天三生木，合而爲人，故三生萬物，而金生其中焉。經曰：「一炁鴻濛，内懷黄液。」又云：「一氣鴻濛體三全。」又云：「恍恍惚惚，其中有物。杳杳冥冥，其中有精。其精甚真，其物最靈。」是即鉛精。精生真火，真火即元陽，誘會太陰真水而生黄液，名曰「真金」，即黑中之白、陰中之陽、水中之金、坤中之坎也。太上所云「母氣銀化銀」，即此意也。又云玄龜爲北一之水，朱雀作南二之火，内含四象，因二物交姤，產下白金，名曰「嬰兒」。白金鍊極，名曰「神水」，亦爲「華池」。華池秋月初生，神水金波漸沸。華池潤兮金色現形，桂魄明兮土氣抒彩。白金鍊極，號曰「黄金」。黄金制老，名曰「黄鉛」。黄鉛實死，號曰「黄土」。黄土能生萬物，名曰「真母」，又名「黄婆」。故云「黄土金之父，白金水之母」也。世人不察陰陽，未詳水火，如何有象？不知晄珠乃太陽之真火，金花即太陰之真水，水火相激，陰陽相感，母乃含胎，河車不斷，鍊之日久，火乃有功。經云：「丹砂晄汞父，真土黄金母。」母即戊己土也。蓋惟無極而太極，太極生兩儀，兩儀生三才，三才生四象，四象生五行，順而生人，逆而成丹。古歌云：「五行順行，法界火坑；五行顛倒，大地成寶。」此之謂歟！

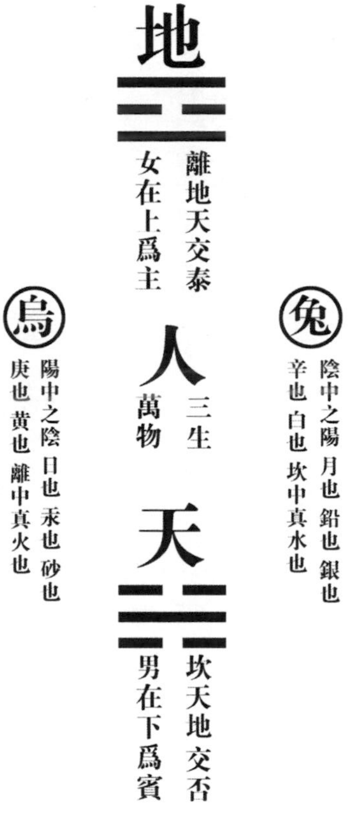

太極辨

詩曰：「鴻濛未判是先天，一氣原居象數先。識得個中真造化，驅龍伏虎片時間。」

夫天地未判，兩儀未形，鴻濛一氣而已。始生一氣，即爲太極。自太極生兩儀，則日月麗乎天矣。兩儀生四象，則五行位乎中矣。故天一生水，位北而爲坎卦，乃乾下交而陷於坤，坤包乾謂之坎男；地二生火，位南而爲離卦，乃坤上交而入於乾，乾包坤謂之離女。三生萬物而四不入者，凡銀不在其例也。

金生水而水反生金者，母隱子胎，顛倒而已；木生火而火反生木者，母藏子腹，逆修而已。丹砂即水火，水火即陰陽，陰陽即烏兔，烏兔即坎離，坎離即夫婦，夫婦交姤，產下聖胎，必須乳哺，方得骨力精强。凡銀之用，在於此也。

土居中宮，旺於四季。起手若無真鉛，則無真汞。既無真汞，真土何生？既無真土，丹何賴焉？太上云：「將紅入黑是真修，以黑投紅天仙矣。」又云：「鉛若不真，汞亦難親。」又云：「鍊鉛如粉，乾汞成塵。去陰土，風火連天；分陽質，水流上下。四斤之鉛，務令制去陰精；八兩之砂，必先燒乾戊土。用鉛不用鉛，道合丹經；伏烝不伏氣，理符玄妙。丹結既成，鉛氣尚存，故用天丁灼灼。鉛枯金現，必須地甲騰騰，汞體方靈。築基已畢，更入灰池騰倒精英。鉛枯則金現，水盡則珠生。」先師云：「雲淨則皓月當空，水枯則明珠出海。」理固然也。金水沉重，被黃婆勾引昇堂；木火輕浮，教丁公激歸洞府。始則以紅投黑，離反在下而爲賓；終則以黑投紅，坎復在上而爲主。此正謂「顛倒坎離，逆施造化」也。

又曰：「黑金鍊出白金，白金鍊成黃金。」石函記云：「白金即是水銀胎，返本還原水銀制。水銀便是長生藥，不是凡間水銀作。朱雀炎空飛下來，摧折羽毛頭與脚。水銀從此不能飛，鍊作金丹成大藥。」仙師云：「鉛若被褐，本白裏而真居；砂若結胎，由二氣而產出。」故作太極辨以明得類耳。

河圖

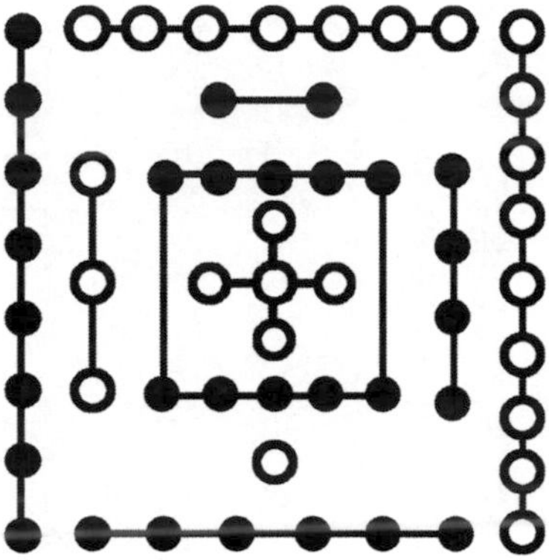

詩曰
金水同宮煉大還　乾坤運轉斗牛間
只将一二來相配　三四終當個内含

河圖釋

詩曰：「金水同宮鍊大還，乾坤運轉斗牛間。只將一二來相配，三四終當個內含。」道之一炁，即坎水子位，一圈也。一生二，即離火午位，二黑點也。天一生水，地六成鉛；地二生火，天七成砂；天三生木，地八成汞；地四生金，天九成銀；天五生土，地十成丹。北一西四五共之，鉛也，銀也，戊土也；東三南二同成五，砂也，汞也，己土也。四象中生土，是謂五行。故河圖十居其中。修丹者，須當一二先爲用，三四終當共一都。

黑坎爲水，坎中滿也，得天之陽氣一分，受地之陰氣六分，此之謂「金鉛三分黑」也；砞砂爲火，離中虛也，得天之陽氣七分，受地之陰氣二分，此之謂「木汞一點紅」也。以一點陽氣居於金水之中，此則「四象會」也。三分陰氣，伏於木火之外，正謂「五行合」也。運出水内真鉛，須假真火燒乾，名「水中金」也。先以木火浮於水，後以金水沉在淵。水乾金現，蓋謂此也。故汞居東方甲乙木，受天之陽三分，得地之陰氣八分，木能生火，而火反生木，豈非「兒産母」乎？其卦爲震。鉛屬西方庚辛金，得天之陽氣九分，受地之陰氣四分，金能生水，而水反生金，非謂之「女産父」乎？其卦爲兑。

坎離交姤，震兑相含，産出嬰兒。紫陽云：「以鉛見汞，謂之華池；以汞入鉛，名曰神水。」蓋始則以汞入鉛，次則以鉛投汞，是龍虎留戀，兩弦之呼吸相停也。故鉛盡而生神水之金波，砂伏而開華池之蓮蕋。四百字云：「華池蓮花開，神水金波靜。夜深月正明，大地一輪鏡。」即此意也。長春云：「雲徹虛空體自真，自然現出濛濛月。」蓮花本是池中物，出於水面而不染於水者也。蓮花開，則爐中之藥生也；金波靜，則池内之丹凝矣。故用砂鉛二氣，交感而生，非孤陰寡陽自能凝結者也。

世人以五金八石草木灰霜，而欲朝夕成丹，又不依五行生尅之理，而妄爲者，何其不知量也？但依河圖生成之數，水火木金之理，鉛砂汞銀伏火之故，攢簇中宮，更令火符無差，何愁大丹不成哉？

運水捉金

詩　晝夜分明十二辰　爻符須按月虧盈
曰　青龍白虎吞元氣　同入中央見至尊

運水捉金圖釋

詩曰：「晝夜分明十二辰，爻符須按月虧盈。青龍白虎吞元氣，同入中央見至尊。」

經云：「水居坎，用在離。金居兌，用在震。」此四象之相須，五行之相合也。五行木本生火，金本生水，今火反生木，水反生金，是謂顛倒。詩云：「二物纔是兒產母，五行全要入中央。」中央者，勾陳土也。鉛含真一之精，謂之戊土；砂含真一之氣，謂之己土。本無定位，須賴砂鉛交感而生。石函記云：「龍呼虎彩，虎吸龍光。」參同契云：「坎離匡廓，運轂正軸。」悟真云：「西方白虎正猖狂，東海青龍不可當。」指玄云：「掣電光中扶鼓掣，月明影裏運金杯。」又云：「杳冥但撈水底月，分明只採鏡中花。」經云：「流戊就己，而金水相因；顛倒陰陽，而五行攢簇。運水捉金，內五行之水火，假外水火之煅鍊。」又云：「水怕乾，火怕寒，水乾火燥不成丹。調停火候均勻水，金粉凝成定不難。」又云：「真鉛真鉛何真鉛，金花發處是先天。白金爲鼎黑鉛配，踵息鍊氣採真鉛。」正謂此也。是由運鉛中之真水，以捉砂中之真火耳。

悟真云：「要知產藥川源處，只在西南是本鄉。鉛遇癸生須急採，金逢望遠不堪嘗。送歸土釜牢封固，次入曉珠厮配當。藥重一斤須二八，調停火候託陰陽。」又云：「癸生即是金花，望遠不爲丹家。五彩籠罩，一炁初分，鍊之良久，真機自現，霞光萬道，瑞氣千條。金花微露於新月之前，兔魄初現於暮雲之際。」呂祖云：「崑崙頂上露籠月，混沌池中日吐霞。」又云：「恰如雲去月華來，但要先天伏後天。」又云：「婆娑丹桂連根拔，踴躍金蟾帶景收。」呂祖之言，可謂明矣。此乃真一之氣，被火功逼灼而可見耳。

「前三三兮後三三」，初九也；「一月一枝花」，十五也。自金花微綻之時，頻叩門而問信；從新月初現之際，急啟户而相邀。紫府門前，金旺水清；麗水灘頭，波平浪靜。正合符信之期、金水之妙。是以黃氣輝彩，陽光剛滿於辰州；黑影潛沉，陰怪自消於北海。水晶宮現出紅桃，黃金闕攀來丹桂。悟真云「潭底日紅陰怪滅，山頭月白藥苗新。時人要識真鉛汞，不是凡砂及水銀」，「霞彩紅遮黃金地，蓮花朵朵映池紅」，石函記云「朱雀炎空飛下來，摧折羽毛頭與脚」是也。

採鍊之時，分乎既未；烹煎之際，審乎陰陽。合朔望之弦氣，運星斗之靈光。西南奪東北之秀氣，東北盜西南之靈英。朔日懷胎，金沉在淵；望日結胎，木浮在水。運出此金，須憑真火。而乾金自現，名西方之白虎，實離火之青龍，與世間之金相去遠矣。

但初時難得真鉛，只得借鉛而用。鉛既枯散，乾金自現，故不用鉛。太上云：「用鉛不用鉛，須向鉛中作。及至用鉛時，用鉛還是錯。」又云：「鉛若不真，汞亦難親。」至哉斯言，不可輕忽。古云：「北黑南紅兮，真水真火。水激火滅兮，結成玉菓。戊己成形兮，清濁涓涓。流戊就己兮，定賓主我。土尅水乾兮，金華出。再種青龍兮，立丹基。三子兮，始爲奇。九轉兮，登雲梯。」由此觀之，先聖後聖，其揆一也。

水火相交

詩曰 金水含光一氣生 南離飛下廣寒庭 金波沸罷收紅日 海內蟾光徹底清

水火相交圖釋

詩曰：「金水含光一氣生，南離飛下廣寒庭。金波沸罷收紅日，海內蟾光徹底清。」

論曰：道者一而已矣。一爲水，爲鉛，坎子兑金是也。兑虎原生於坎，作用却在於離。二爲火，爲砂，離午震木是也。震龍本出於離，作用却在於坎。此砂鉛二物之內，金木並居於中。

坎雖居北，金水則寄居於坤土之內；離雖居南，木火則寄位於乾金之中。蓋欲取坎中之真鉛，非離女以煆鍊之，則金隱於水，不能出也。真汞雖產離宮，非得北方坎水以制伏之，則常欲飛去，豈得凝乎？鉛汞相投，金木交併，自然有真境出現。金花發生於內，猶如朱雀炎空，恰似黑龜出水。黃帝云：「知白守黑，求死不得。」白者金精，非世間金；黑者水銀，非世間水銀。故云：「外黑爲鉛，內懷金花。」金花即黃鉛也，名爲青龍。龍居水位，其數爲三。「被褐懷玉，外爲狂夫」，中藏美玉也。非得水火相交，安有此哉？參同契云：「黑白生金公，巍巍建始初。」知此，則知丹砂生於鉛也。

古云：「黑金鍊出白金來，白金鍊極金花開。」金碧經云：「赤髓流爲汞，姹女弄明璫。」此明汞非別物也。古云：「丹砂木精，得金乃併。」又云：「丹砂㿠汞父，白金水銀母。」水激火滅化爲土。土能生萬物，故能產藥苗。若非水火相交，陰陽配合，豈能若是哉？

參同契云：「植禾當以粟，覆雞用其卵。」金穀歌云：「若用凡雜類，總是不成真。」魏公云：「雜性不同種，安能合體居。」此非明性情相合、陰陽得類乎？故云：「莫破我鉛，令我命全。莫壞我車，令我還家。」水斷則木不運，火斷則水不乾，二氣相平，兩情相戀，陰陽交姤，產下嬰兒。兒又生孫，生生化化，從玆而始。世人不明水激火、火生土、土生金之理，欲以孤陰寡陽砒硫雜類，冀其成丹，豈不悲哉？

金木
交併

白虎形

青龍象

詩 青龍白虎兩相交 同入中央結玉膏
曰 虎吸龍呼成大藥 還歸神室養靈苗

金木交併圖釋

詩曰：「青龍白虎兩相交，同入中央結玉膏。虎吸龍呼成大藥，還歸神室養靈苗。」

紫陽翁云：「金鼎欲留硃裏汞，玉池先種水中銀。」硃裏汞，是謂砂中汞也；水中銀，是謂鉛中之金也。白玉蟾云：「白金黑金一派生，華池神水真鉛露。」硃砂自離而生，陽氣產也；水銀自坎而產，金精出也。金被火逼，併火而上升；火被水激，隨水而下沉。其相逼之勢然也。

悟真云：「震龍本出自離鄉，兑虎原生在坎方。二物總因兒產母，五行全要入中央。」中央者，土也。土賴四象而生，丹基由土形而立。水銀似水，惟土可尅。水既受尅，惟金可擒。土能生萬物而產金丹，故木乘金氣而死，汞憑土氣而亡。此五行生尅之理也。是土也，見之不可用，用之不可見，惟砂鉛相合，借火功以爲陽春發生萬彙之機。當是時也，火氣盛而金花現，皓月明而玉蕊生，乃一陽之正氣，火銷金亡而木受制矣。嗚呼！鳶飛戾天，魚躍於淵，可見道體廣濶，其味無窮矣。於斯時也，土氣潤而木體敷榮，金氣旺而水潮枯退。兩弦真氣相吞，龍受伏而虎自降也。嗚呼！月到天心處，風來水面時，其道明矣。

古云：「尋真直入西南境，觀見碧梧千枝花。訪玄探到東北地，攀來丹桂幾枝花。」瑤臺仙子，月下高歌；兔窟姮娥，鏡中花貌。漁翁獨釣錦鱗，樵夫頻挑玉蕊。金烏飛入廣寒宮，玉兔鑽歸水晶闕。兩獸相爭，一龍一虎；三家相見，一坎一離。由是產下仙子，育成嬰兒；龍乾虎死，鉛枯金現。蓋由坎中之陽氣，入離宮之陰腹，變而爲乾，還丹成矣。

五行攢簇

詩曰

欲覓先天白虎宮　太陽移在月明中

龜蛇來伏憑真土　離坎相交賴祝融

五行攢簇圖釋

七律四首

北黑南紅兩地生，全憑戊己姤金精。青龍白虎情相協，玄武朱禽性自靈。黑汞非紅無質見，紅鉛無黑少精神。相逢奔入嫦娥户，文武調和始得成。

相逢同入混元竅，白虎張威可綱羅。煅鍊丙丁光閃灼，銷磨癸水影婆娑。金花自產西南地，玉蕋初生北海阿。探望中秋佳節好，一輪明月漾金波。

北一鉛生真武家，明月三五產金花。滄浪內有元龜影，紅日中生玉兔霞。龍隱西陲春寂寂，虎潛南極影麻麻。通天丙叟施威武，奪盡寒潭玉笋芽。

雲散長空月在明，霞光迸出鬼神驚。靈苗既長中央土，玉兔方來正位瑩。攢簇五行俱有象，調和四象始成形。若無水火來烹鍊，怎得金爐丹自凝。

菩薩蠻五調

我覓青龍白灼精，先天氣結自然凝。月虎桂花開，真鉛產出來。

灘頭星斗共相纏，水火相交結聖鉛。寶月映金波，滄浪織錦梭。

金烏玉兔兩交加，同入中央共一家。黑白裏玄玄，傳來幾句言。

同上高樓玩月輪，初三採到斗還寅。一鑑即無瑕，吞來五色花。

匹配陰陽却有媒，不須別物自然來。老子泛滄浪，池邊牧白羊。

嬰兒成象

詩曰
玄珠無染出凡塵　獨露雲霄似鏡明
元始天尊同貌相　玄都金闕禮三清

嬰兒成象圖釋

成象詞

堪歎浮生虛託，光景無多。拋下金戈，收成結果，牧唱樵歌。草芽屋，安樂窩，勝似畫堂簾幙，再不惹名利場中禍。休學王羲之，書罷籠去鵝；莫效漢留侯，功成將身躲。想紙上功名輕輕，做了一夢南柯。似這般見幾，總不如東窻下臥。真玄妙，更無他，原來流戊就己。我攀丹桂，西江月，來時方可。頃刻間，南離來賀。一物浮來，又沉得多。

攪箏琶

水晶宮產出黃金貨，同金屋兩情和。入華堂，掩上朱門，看陰陽會罷，難存活。朱雀炎空下，白虎早張羅。只見那月映秋波，化作紅日東昇，照得滄浪破。藥苗新，陰魔盡，躲戊就我，擒得靈英怎動挪，汞死無回活。水火交成玉菓，陰陽會，畫堂坐，多虧爲媒作證老黃婆。看嬰兒低唱，姹女高歌。碧沉沉，坎水激滅離中火；燄騰騰，朱雀燒得玄龜破。那有陰魔？這其間，盡沉在碧海滄波。探朔望，月出西山，霞滿南窩。黑龜内，紅光陀陀，一霎時，現出金蓮萬朵。但見上高樓，登綺閣，入深淵，金公無顏，姹女難活。剛被懷胎，可全賴黃婆婆。火定浮沉，方可水分清濁。待如何，鍊似窗塵，萬化不溶，此際可成丹祖麽？一配硃砂生玉菓，水昇火降休令錯。露出素顏貌，水性成真火。相逢青帝，離宮方纔覺可。卸絳衣，成素體，將先天坐入爐中養水火。三周過，昇出清體，另制作。祛陰邪，令存活，戊己成來元氣薄。尚有些兒懦，制度莫教訛，火候休稍惰。却原來，流戊就己；我參破，個裏無多。却做了鉛夫汞婦，賴黃婆。若不是丁公來叙閒澗，怎得他三家會合。一鼎温和認得麽？易捉摸。水火爐，養就硃砂貨，立分胎，識盈虛，別老嫩，體變金娥。從此後，土產金蓮成玉菓，龍出西江粟萬顆。汞爲子，鉛爲母。碧沉沉，黑虎潛形；彩紛紛，青龍現體；白悠悠，滄浪波濶。看織女，弄金梭，月裏出姮娥。將真土，同爲營座。作伐時，必假黄婆。未濟爐中，燮理調和。別離呵，母羸子弱。丹硃木液，得金巧合。取黄芽，爲細末，配硃砂同養鳳凰窩。銀鋪池底，砂安鼎上，土隔中宫坐。神爐温養畢，乳哺更無他。丹砂能伏火，逐退衆陰魔。但見他，試時無煙，無煙時方可。用活龍把虛作，銀匱待若何。更俾生熟來制作，似前功死中用活。從兹後，不乳哺。不乳哺，只須超脱。

鴛鴦煞尾

添新抽舊成玉菓，棄濁留清作玉珂，再入混元窩。龍氣盛，虎氣消磨，纔靈妥。珠離老蚌，金粟顆顆；兒成母胎，瑶光朶朶。九轉丹成就，圓光紅陀陀。婆娑丹色渾太和，陰魔那曾留玉波。

太極還原

詩曰

堪憐後學未逢傳　不識先天與後天

解得坎離交姤罷　自然反本又還原

太極還原圖釋

詩曰：「堪憐後學未逢傳，不識先天與後天。解得坎離交姤罷，自然後本又還原。」

肇自鴻濛未判，太極未生，朕兆於恍恍惚惚，混沌於杳杳冥冥，始生一氣，而位乎子，故水生天一之象。方萌二氣，而位乎午，故火炎地二之形。天三生木，地四生金。木激火滅而爲土，木調金粹而爲壬。癸則係於有象，壬則妙於虛靈。砂鉛交姤，養育羣生。木爲青龍之髓，金爲白虎之精。龍是水成玉體，虎是火炎血形。土爲胞胎而守中位，畹爲大藥而守中庭。龍起則虎伏，木盛則金停。於是四象位，三才立，五行交，而八卦作。「欲得水銀成至寶，坎中一味赤紋金。須將砂汞成大藥，四象五行一處生。」真金露體，抱木爲丹，靈苗自然而出土，芽由此而生。鉛斷則車絕，土斷則車空。釜内調和，作肉而作骨；鼎中煅鍊，成體而成形。將九轉而歸七返，以一濁而攝三清。嬰兒復還其原體，大道由是而方萌。古人云：「北坎未生兮先有象，南離初姤兮始成形。戊土有名兮無定位，同歸土釜兮自然凝。」又云：「鴻濛未判兮元始，太極初分兮此圖。」西金莫作尋常有，東木須知世上無。

釋曰：「道生一，自九而極，至十而終。七返八歸，九還六居。」自一生二，爲鉛，爲砂，汞三金四，配以十數，以象胎完。烹爲真鉛，制伏真汞，以成真土，結就刀圭，而乾活汞。汞死養砂，循至九轉，鑄成神室，以延子孫。建立明堂，鑄成金鼎，擇選福地，高築壇臺，上應天心，下擦地靈，中得人心，結交良友，盟誓焚香，積功累行，自地元法象，招天元大丹，取日精月華，盗天魂地魄，結成玉樹靈苗，産就金荷玉笋。運火一年，其丹純黑。爲水二年，水反生火。三年，火化爲木。四年，體變爲金。五年，金反生土。而土又生金，金生水，水生木，木生火，火生土，土生而丹成矣。故曰：「由地元而誕天元，豈假别物而爲之哉？」

三丰張玄玄　著　陳攖寧等　抄錄

三種金蓮

三種金蓮圖序

永樂二年冬十月，予序地元正道圖釋，復於次年四月夏中，更作三種金蓮圖三式，續清江引九首，以按九陽池數。所作之圖，同前共十二式，以周一歲，而大丹備矣。方取九轉子銀鑄爲丹鼎，以誘太陽太陰之精華。無中生有，結成玲瓏之玉樹；有中還無，生成瑪瑙與珊瑚。火功到，則木能生火；火藥靈，則火又生土；土氣厚，則土自生金；金氣旺，則金自生水。返本還元，復激濁揚清。大丹既成，告明天地，奏上無極至真，舉之立時禮面三清，兩腋生風，徑詣十洲三島。許真君拔宅飛昇，並無他術；淮南子白日沖天舉，亦是此道。軒轅鑄九鼎而成功，天師修此法而道備。玉蟾翁棲武夷洞府，三茅君遁勾曲仙山，玄帝登武當以建業，紫陽入天台以圓功。故選福地，以立壇場，乃擇名山，而安爐竈。若非立地元之基址，何由修天元之大丹？藥感日精以生真火，假凡火以助神功；召月華而生真水，假凡水以育聖胎。上察河圖之星斗，下觀刻漏之時辰。由是無中生有，三華聚頂於明堂；鍊神還虛，五氣朝元於金室。故作新序，自愧荒蕪，但述其義，勿哂鄙陋。還元之道，豈有形哉？世人欲服硃砂水銀而成道，是求生而反速死也。硃砂水銀，尚不可服，況五金八石、灰霜草木爲之？其相去遠矣。重明其意，故作後圖，直證元功，以示同志。末學於斯，宜當細參。同應仙科，甚勿輕忽。

讚

朱雀飛來，混元深處。月現西山，瑩然光玉。金花散彩，錦雲鋪地。相交相感，相親相契。十五功完，奪盡秀氣。露落清霄，黃金生麗。本乎元水，始生天氣。黑變白金，化爲黃帝。

三種金蓮

初種

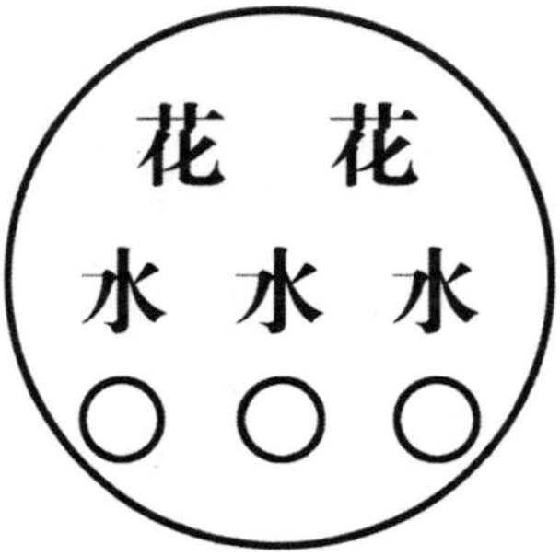

詩 火發金波沸玉池 金蟾上下往來飛

云 饒他爲賓我爲主 種下金蓮紅日西

初種

清江引三調

鴻濛内隱真元始，火發離宮紫。金蟾上下飛，紅日滄浪裏。開闢也，蟾光映水底。

金蓮初種煙波煖，一陽初生驗。地雷上下轟，掣電空中現。放金蓮，湧出霞光閃。

朶朶蓮花水面映，光射金黃鏡。黑白一胎生，神水金波靜。看庚方，月出崑崙頂。

黄鶯兒三調

黑白理玄玄，錦金波，種玉蓮，霞光繚繞雲迷戀。紫氣轉旋，風浪暫恬，雲收北海紅輪現。好鉛田，急忙退火，密固莫遲延。

既未要分明，施文時，四月停，武威煅鍊休遲冷。一日準憑，再烹可成，莫教火候不相應。妙薰蒸，禾苗成熟，候到自然凝。

離坎逆安排，月明時，仍自猜，朱雀玄武同相愛。金花自開，神明自來，日紅月白依然在。砂汞埋，俱沉水底，金水上高臺。

二種

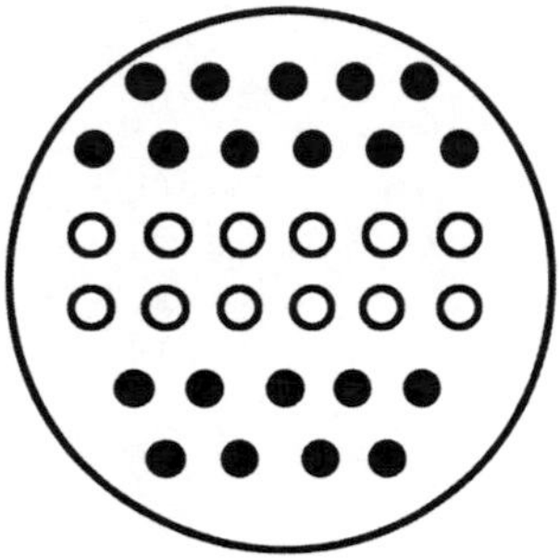

詩云
以鉛爲女汞爲郎　黑白池中仔细詳
蝴蝶四邊飛上下　三開三合見祥光

二種

清江引三首

朱禽直入玄龜穴，飛下清霄月。蝴蝶四邊飛，吸盡金烏血。開合也，芙蓉花正結。

紅光陀陀金花美，没底籃而貴。中藏無價珍，内隱玄元始。交姤罷，產出黃金蕋。

神仙密密須當慎，荷疊金波靜。樓臺月正明，天地一輪鏡。看姮娥，醍醐來灌頂。

黃鶯兒三首

白隱黑胎靈，看金花，朶朶新，江頭金桂花初盛。西江浪沉，月色正明，嬰兒正唱陽關令。正堪驚，牽牛織女，七夕會中庭。

浪靜彩雲收，擁紅輪，碧浪悠，長空一鑑如青晝。紅花漫流，金蓮木收，錦鱗躍出錢塘候。整歌喉，同聲相應，同氣更相求。

池内美金花，到秋來，分外佳，香風吹入朱琴架。禽兒僕他，元郎戲耍，一時誤入秋林下。好奇葩，天清地朗，共入坎離家。

三種

花花
花花花
花花

詩
寶鏡中生一月花 三開三合產黃芽
云鉛枯自有真金現 三次薰蒸三次佳

三種

清江引三闋

三池種畢金蓮朵，結成瓊玉菓。黑龜形自沉，白虎光輝陀。薰蒸罷，三次退真母。

黑金都化囂塵去，白金自然住。灰池炎火然，皓月光如玉。長黃雲，潔白開金樹。

種得金花天外天，莫與匪人傳。煅出真黃金，三種姮娥殿。逐陰魔，直離天邊遠。

黃鶯兒三闋

月府桂花開，是金花，產英才，黑金鍊出白金來。白金更栽，金花粉篩，陰中制出輕清愛。好安排，黃金之母，真土正相培。

十五聖胎完，鍊白金，神自全，金蓮再種白金面。日紅初傳，月白又圓，分清去濁休教亂。理難言，真鉛制汞，黃土是姻緣。

戊土莫猜凡，本中央，鍊大還，鍊鉛如粉求清淡。成塵改顏，玄微等閒，養砂乾汞隨時便。此功難，莫貪豪富，可急選名山。

金蓮圖辨

欲覓金鉛兮，黑金產白。黑白相應兮，兩相制伏。朱雀炎空兮，相交以神。白虎張威兮，相通以氣。初鍊金鉛兮，鉛花凝露。後投真汞兮，金蕋方□。三池畢九陽之數，一輪乘月滿之期。朔日胎□望可完，水火烹而體依附。黑金鍊出白金來，被褐懷玉。白金鍊極金花開，露出珍珠。金花朵朵是黃金，水銀所化。黃金制取金花粉，真土丹基。火定浮沉，分乎上下。水分清濁，判乎高低。鍊鉛如粉，子始而亥終。化汞成塵，生寅而墓戌。鉛汞精而琥珀象，晥黃質而瑪瑙形。體嚣塵而有用，配砂汞而無疑。土乾尅水，水銀既死，砂後相隨，循至九轉，點化從規。建丹臺而鍊服食，鑄金鼎以養黃輿。若吞一粒，神登太虛。始終如是，念茲在茲。

地元證道歌

坎裏金郎體屬陽，離宮木女配玄黃。一夜月明生玉露，桂枝折得有清香。

離宮姹女體多陰，配得玄郎性自親。玉笛吹殘三島月，金鈎鈎出九州春。

黄老金翁鼓巽風，吹來丹桂影斜籠。窗外月明花散彩，庭前雲斂雀飛空。

可笑黄婆不住歌，手持玉斧弄金梭。逢秋嶺上調朱雀，遇月池邊收白鵝。

水中金，用意尋，玉池先下半斤銀。水火薰蒸温養足，月明自覺出凡塵。

木中火，用意得，玉池先下半斤黑。水火初完脱了胎，自然體變如玉橘。

戊己土，真龍虎，黑金鍊出白丹母。鉛池種出琥珀精，制伏實死爲真土。

真火候，莫差謬，既未屯蒙前與後。文武調和各有方，須賴真師親傳授。

金蓮吟

八八坎郎入洞房，水源清潔貌堂堂。南國姹女年八歲，捨命投江配坎郎。水國暗藏眠共宿，龍吟虎嘯一般狂。連投七宿他皈伏，氣足神全命已亡。再見乳母養一七，薰蒸火候一月行。兩情會罷胎完足，兩下分離各一方。養子生兒從此母，一派宗支仔細詳。有人識得歌中理，直達蓬萊三島鄉。

先天

爐火人間似撒沙，有誰能識美金花。半毫雜類皆無用，一味真鉛實可嘉。二八調停成一偶，五行攢簇見三家。我今盡把天機洩，只恐迷途跟轉賒。

鉛汞

真鉛真汞兩相投，如漆如膠意味稠。以汞入鉛如種穀，將鉛投汞似耕疇。上安丙火溫三面，下住壬泉滿一甌。內外五行攢簇定，結成赤白大丹頭。

母氣初傳胎未全，只因金木未相連。三薰三沐熟生制，一伏一翻骨肉堅。自一及三俱此法，從三至九是單傳。這般指出生兒訣，助道濟貧有甚難。

超脱

藥火坎離判璆琳，雄烹猛鍊脱皮鱗。更傳魂魄超青骨，務足精神種聖銀。混沌未分方决烈，六虛周遍始光明。果然轉制三遭後，真個宗祖是囂塵。

點化轉制

養得元孫漸長成，强宗勝祖善謀生。昨宵燈下成佳偶，今日堂前産兒英。漫說阿郎多玉樹，爭誇孫子盡金莖。些俊不換連城璧，無稅良田口自耕。

九轉點化

養得日成歲月深，子靈不與母相親。一鍊三氣渾如玉，滿鼎黄芽勝似金。喜見鸞飛並鳳舞，還看虎嘯與龍吟。五金八石皆成寶，仍鍊天元拔宅昇。

後跋

數載辛勤無一錢，破琴燒火鍊凡鉛。等閒造化無人識，費盡功夫獨自研。無限丹書都棄却，許多秘訣總徒然。自從識得真鉛母，始信神仙別有傳。

陳攖寧　抄

金碧古文龍虎上經

金碧古文龍虎上經

陳攖寧頂批　此書有一壑居士彭好古註解，無甚發明，故不錄。

神室者，丹之樞紐，衆石之父母。砂汞別居。

出陽入陰，流曜二方。列數有三，按象水火。

制由王者，武以討叛，文以懷柔。土旺四季，土德以王。提劍偃戈，以鎮四方。

坎離數一二，南北獨爲經，故冠七十二石之長。

剛柔有表裏，陰陽禀自然。金火當直事，金水相含受。雌雄併一體，用之有條理。變化既未神，終能復更始。

初九爲期度，陽和準旦暮。周歷合天心，陽爻畢於巳。正陰發離午，自丁終於亥。水火各一方，守界成寒暑。東西表仁義，五行變四時。如是則陰陽互用，順三一而得其理。

神室設位，變化在乎其中矣。神室者，上下釜也。設位者，列雌雄相合之密也。變化爲砂汞。砂汞者，金火二用。二用無爻位，張翼飛虛危。往來既不定，上下亦無常。獨居不改，化歸中宮，非土不可制也。包囊衆石，爲丹祖宗。有無相制，朱雀炎空。紫華曜日，砂汞滅亡。

訣不輒造，理不虛擬。約文伸奥，扣索神明。演成卦爻，五行爲經。坎雄金精，離雌火光。金木相伐，水火相尅。土旺金鄉，三物俱喪。四海輻輳，以致太平。並由中宮土德黄帝之功。

金火者，鉛也。丹砂著明，莫大乎金火。言窮微以善化，陽動則陰消。混沌終一九，寶精更相持。

卦與藥合，金有三百八十四銖。銖據一斤爲十六兩也。金精一化，二氣成丹，青龍受符。當斯之時：　神室鍊其精，金火相運推；　雄陽翠玄水，雌陰赭黃金；　陰陽混交接，精液包元氣；　萬象憑虛生，感化各有類；　衆丹之靈跡，長生莫不由。

於是玄潤光澤，元君始鍊汞，神室含洞虛。玄白生金公，巍巍建始初。冠三五相守，飛精以濡滋。玄女演其序，戊己責天符。天符道漸剝，難以應玄圖。故演作丹意，乾坤不復言。丹砂流汞父，戊己黃金母。鐘律還二六，斗樞建三九。赤童戲朱雀，變化爲青龍。

坤初變成震，三日月出庚。東西分卯酉，龍虎自相尋。坤再變成兌，八日月出丁。上弦金半斤，坤三變成乾。十五三陽備，圓滿東方甲。金水溫太陽，赤髓流爲汞。姹女弄金璫，月盈自合虧。十六轉相減，乾初缺成巽。平明月現辛，乾再損成艮。二十三下弦，下弦水半斤。月出於丙南，乾三損成坤。成坤三十日，東北喪其明。月沒於乙地，坤乙月既晦。土木金將化，繼坤生震龍。乾坤括始終，故曰震龍也。如上三十日，坤生震兌乾，乾生巽艮坤。八卦布列曜，運移不失中。調火六十日，變化自爲震。**蒲團子按**　震，鈔本作「震」，道言內外秘訣全書作「證」。

　　神室有所象，雞子爲形容。五嶽峙潛洞，際會有樞轄。發火初微温，亦如爻動時。上戴黃金精，下負坤元形。中和流素津，參合考三才。乾動應三光，坤靜合陽氣。神室先施行，金丹然後成。可不堅乎？鍊化之氣。包裹飛凝，開闔靈户。希夷之府，造化泉窟。

　　陽氣發坤，日晷南極。五星連珠，日月合璧。金砂依分，呼吸相應。華蓋上臨，三台下輔。統錄之司，當密其固。詰責能否。

　　火鍊中宮土，金入北方水。水土金三物，變化六十日。自然之要，先存後亡。或火數過多，分兩違則。或水銀不定，同處別居。剛柔相亢，不相涉入。非火之咎，譴責於上。**蒲團子按**　上，鈔本作「上」，道言内外秘訣全書作「土」。

　　土鎮中宮，籠罩四方。三光合度，以致太平。五臟内養，四肢調和。水涸火滅，含曜内朗。金木相瑩，閉塞流輝。調水温火，發之俱化。道近可求。

水土獨相配，翡翠生景雲。黃黑混元精，紫華敷太陽。水能生萬物，聖人獨知之。金德尚白，鍊鉛以求黃色焉。感化生中宮，黃金銷不飛，灼土煙雲起。有無互相制，上有青龍居。兩無宗一有，靈化妙難窺。

鍊銀於鉛，神物自生。銀者金精，鉛包北靈。水者道樞，其數名一。陰陽之始，故懷銀精。鉛化黃丹，寄位五金。爲鉛外黃，色稟北方，內懷金精，被褐懷玉，外爲狂夫。銀爲鉛母，母隱鉛中。鉛者銀子，子藏銀胞。真素渺邈，似有似無。灰池炎灼，鉛沉銀浮。潔白見寶，可造黃轝。穀爲金精，水還黃液。**蒲團子按** 穀，鈔本作「轂」，道言內外秘訣全書本作「殼」。

徑寸之質，以混三才。天地未分，象若雞子。圓中高起，狀似蓬壺。關閉微密，神運其中。爐竈取象，固密全堅。委曲相制，以使無虞。自然之理，神化無方。磁石吸鐵，隔礙潛通。何況雞子，配合而生。金土之德，常與汞俱。

火記不虛作，非鄭重前文。丹書既著，不復重擬。故演此訣，以附火記焉。**蒲團子按** 丹書，鈔本作「丹書」，道言內外秘訣全書作「丹術」。

淡仙無味子　重錄增删　陳攖寧　抄

我度法藏

陳攖寧題記

從金火大成本鈔出，未鈔完全。另有十段，鈔在金火直指刻本上。此是民國十年已前所鈔。

再序

我度法藏序已抄於金火直指上。

金丹妙旨，可一言而盡。何也？蓋金丹之始，不過借虛無真金而始；金丹之終，不過借虛無真金而終。認得虛無真金之精，無有不可鍊之丹；認得虛無真金之氣，無有不能成之丹；認得虛無真金之神，無有不得服食之丹。至於點銅、開缺、縮貨、脱皂、靈八石、神頑尸，皆金丹中之渣滓垢屑耳，何足爲道？然今之燒鍊者，何破盡家園，費盡精血，甚至死不肯歇，而竟不能見一風香雲影、月暈天光，何也？總爲不識虛無真金之精氣神故耳。然則有志金丹者，但請穿破鐵鞋，遍遊天下，密訪虛無真金，即得之矣。何必苦苦尋百草、覓千霜、燒八石、煅二鉛，惹得神仙惡忌、天地厭誅、妻子暴怨、親友鄙賤哉？余重錄增删我度法藏畢，嘗見盲瞎者多，實有所不忍，故又特拈出「虛無真金」四字，可爲鍊丹人添眼目，有緣者不可潦草讀過。然此言又斷斷不可向不智者道。慎之慎之。

康熙乙未長至月無味子淡仙又題於粵省禺山草堂

我度法藏目錄

上卷

中卷

我度法藏上卷

制鉛訣

黑鉛乃是先天神水，生鴻濛太極之先，與天地同分、乾坤共判，中含五彩，内蓄三陽，爲金丹之祖氣，作點化之樞機。兩儀四象不缺，乃作五金之庫；五行八卦俱全，是爲八寶之根。丹士若能採得真一之金，何愁大地不成乾健之寶？惜乎世俗採鍊煎熬，捨庚取辛，以致真炁耗折，元陽不全，欲望其力能擒伏砂汞，豈不難哉？是必求得出山真鉛，入造化爐中煅鍊成汁，方可向前作用。否則，丹事不可輕望也。幸前聖傳下補天之妙道，取黑鉛真父成塊，土鉛爲末，兩物層層間隔，入釜温養，愈久愈善。以此鉛銀作用，亦可敵真鉛矣。蓋土鉛乃含五金八石之餘氣而生，故古人名之爲「無名異」。若論此鉛，大有奇功，不可以一名狀之也。丹書云：「火不正而背天地，藥不正而背玄鉛。」又云：「若要鉛靈，全憑火制。」斯言盡矣。

制銀訣

銀，辛金，四數； 鉛，壬水，一數。以四抱一，則成五數，於象則成坎卦。故曰：「母藏子腹，子隱母胎。」總是金水同宮、日月合璧耳。蓋銀本產自黑鉛，壬水原無少欠，奈被煎爍過多，出世日久，摻銅和鐵，種雜氣類，故致英華銷滅，精枯髓竭，真氣散而邪毒勝，是必以法制之，方堪借作鼎器。**陳攖寧頂批** 據此則知，壬水即在鉛内，鉛銀一煎，則壬水即入於銀中。經曰：「聖人無奈缺真鉛，索取凡鉛火内煎。」又曰：「黑鉛相伴白銀煎，二氣交加銀鍊鉛。」法以制鉛凡銀平配，共入黑玉池中，逍遥爐内，鍊至陽滿陰消，壬真癸盡，三開三合之際，精英自現。**陳攖寧頂批** 癸盡壬真，即是鉛膠漸次脱盡而銀體將露之時。此時急以外藥真金姤之，自然先後二天互相包裹，極似婦人女子癸水去、壬水來，壬水露、丁火落，無二致。退火冷定，顛倒退符，排插周天，得如金橘裹金砂，絳桃含絳日，其銀凡體脱矣。銀制若此，方可作乳哺之用。否則，蹈「庚金不與辛金合，費盡家財枉勞心」之弊。慎之慎之！

制砂訣

砂本離卦之象，外陽而内陰。中有真汞，名曰「天魂」，一曰「砂液」，遇火則飛，得金則伏，此丁火也，其數二。砂則甲木也，其數三。以三抱二，則成五數。以法招攝天魂，用配辛中庚金，則化土；以法收取乙汞，用配甲砂，則成晥。前人云「丁壬結姤，爲青龍白虎，又爲烏肝兔髓，結成刀圭各半斤，乃上弦八、下弦八，二八合爲十六」之奧語也，非真有其物之數。法以制鉛制銀種投黑玉池中，癸去壬來，急以坎離顛倒之法，結爲夫婦，凝成魂魄，温養七十二候，自然坎虛爲坤、離實爲乾矣。經云「聖人無别藥，一味水中金」是也。

制汞訣

汞即砂之精，乙木也，乃坤母之長子。其象屬震，居角亢之位。其性動活如龍，善飛騰，善變化，惟與庚金合，故聖人有「汞傳金氣」之説，又有「水銀烹金精」之論。其體有質有氣，若天魂，則砂中之神也。本無氣無質，須假他質而成，故屬丁火。如火附香則香、附臭則臭是也。若砂皮砂殼，則爲死尸骷髏，得真金死倒爲天晥。天，乾也，爲老父。晥，丙也，爲虛陽燥土，止可爲栽接之匱，不可爲藥爲聖。然汞中自有陰邪，亦名「癸水」。法以活汞入水火爐，八風昇提，去下濁，留上清。清者能補砂中不足之神，能去晥中存濁之垢。故曰：「若要母來生後嗣，先將子去奪先天。」

總論

淡仙曰：「以上四訣，乃丹家自始至終、實實落落下手工夫，有緣者當進修功行，以候聖師心傳口授可也。然要知我度子，不過以事論事，以象論象，實未溯論其源也。今不惜饒舌，聊陳一見，以助有緣者。銀鉛砂汞，固爲四物，合而推之，本止二物。蓋銀鉛一氣所生，砂汞一氣所生。再合而推之，又止一物。上陽子曰：『砂汞受天地大冶爐中煅鍊三千年造化，自成銀鉛。』今丹家攢族五行，顛倒陰陽，攝三千年造化於鼎爐，廓二六春秋於瞬息，是誠盜乾坤主宰之大賊、竊日月權衡之真人。噫！以是觀之，乃金種金兮銀種銀，何嘗別有外神靈之說？不能誣也。然世之用萬草千霜、二鉛八石，苦苦燒鍊，何爲也哉？吁！誠可笑又可悲矣。復以銀鉛砂汞四象分而推之，又成八數。鉛本癸水，內藏壬水；銀本辛金，內含庚金；砂本丙火，內隱丁火；汞本甲木，內藏乙木。猶不止此也。水有清濁，金有浮沉，火有老嫩，木有枯活。故曰：『太極生兩儀，兩儀生四象，四象生八卦，八卦生萬彙。』彼三才、五行、六極、七返、九還，何莫非太極中來也？然則有務是道者，當真心求知太極而後可乎！」

我度法藏中卷

金精陽氣法

經云：「水銀烹金精，硃砂鍊陽氣。」此二語是一串話頭，引竟分解不開的。今直指明白，俟有緣者遇之。

金精是銀鉛中之庚壬也，陽氣是砂汞中之乙丁也，水銀是癸中之辛也，硃砂是甲中之丙也。借是借辛作鼎、留壬去癸也； 鍊是假甲爲爐、用丁捨丙也。總是攝四象爲兩儀、合兩儀成太極之妙法也，乃一樣之功夫、兩般之做法。此隱語也。哲士會心，大丹可造；癡人不省，勝隔千山。嘗見有以活水銀投入黑鉛者，有以生硃砂上扣鉛面者，有以南鉛北鉛互相交鍊者。吁！ 可笑可憐可歎可恨！ 無怪乎破盡家園，一無影響。不知癸内藏壬，丙中抱丁，辛中含庚，甲内隱乙。今用烹鍊二法，攝壬捨癸，留庚去辛，借丙擒丁，假甲捉乙。二法既明，大事已畢。

造土制匱築基法

土乃萬物之根基，天地之祖氣，本無定位，坐占中宮，寄居丙丁，實旺四庫。故四季之末，各旺十八日。天無土，雨露不施；地無土，萬物不生；人無土，性命不養。是土也，無所不遍，無所不利，蓋能承能載故也。然則金丹豈可無根基祖氣乎？法取出山鉛、水松、烏金、聖砂、神膏、玉泥，配築成匱，謂之築基，又謂踵息池。古人云：「東地未榮西地木，南園先種北園瓜。」又曰：「有花須有種，無種亦無花。」池成鼎備，方可臨爐。

造二土先天祖匱法

二土即「圭」字。圭者，匱也，一戊一己是也。戊陽土與癸合則化火，所以能乾汞中之癸水；己陰土與甲合則化土，所以能死砂中之甲木。丹士欲死砂乾汞，是必造戊己二土。然土則土也，何謂先天？蓋辛……陳攖寧註 此下抄在金火直指二十七頁上頭。

初子育二子法

法取初子天⿰日㐬，三進神火，三次水火，烹打成粉，作內匱。取初胎子銀，打成盒形，爲外匱。進生砂於内，封養二七。摘出養砂，入二土祖匱封養。如此又進又養又摘，又並入祖匱封養一七，同取出入熟汞大沐浴一時。又用庚母乳哺一七或二七，更老鍊。然後照前超脱過關。返粉前，去乳過二子之母，不可煎洗，留作後用。惟入鼎空養爲妙。即頭子天晼、子銀與祖匱皆分鼎爲記空養。此正宗單子定法也。即將初子三進神火返粉抱砂前去亦可。天晼、子銀各自返粉，以晼乾汞，以子銀養砂，皆無不可。此一鼎分爲千萬鼎之妙法也。

六子返還法

傳至六子，内外兩象畢矣，故有返還之弊。蓋物極則返，理勢然也。不特六子，即三子亦當返還。智者勿惑，此不過三才藥物頓跌轉變這數耳。法以返還之子，入本身之祖匱，同入二土祖匱封養七日，自然前去矣，上陽子曰「七返三還並六極，祖孫同拜始宗翁」是也。

真母法

張三丰先生云：「鍊士識得真父真母，方可臨爐。」客曰：「真父何如？」曰：「此辛鼎中黃氣賴以貯也。其色故黃，呼之爲真父是也。」問曰：「何謂真母？」又云：「能受辛鼎中黃氣而住世不飛者是也。」客曰：「知之矣。得庚氣而死之硃砂，爲真母也。」曰：「子得之矣。不特此也，凡八石能得庚氣而死者，即爲真母。何也？以其皆能抱砂乾汞、生子生孫故耳。」

總論

淡仙曰：「此十二法，可謂嘔完心血矣。原本節次錯綜，文義顛倒，皆由後人抄寫之誤，致使好是道者徒費家財，殊無成效。今不避譴，謹將不明真旨一概補上，顛倒節次一概序正，自知誕妄之罪難逃，然此心實爲不明理法、盲燒瞎鍊者言也，惟高明諒之。

我度法藏卷下

金火論

鍊士知得「金」「火」二字，則萬事可舉，既舉必成。彼以銀爲金、以砂爲火者，不知道者也；以黑鉛爲金、白鉛爲火者，不聞道者也；以礦鉛爲金、八石爲火者，不明道者也；以黑鉛煎老銷爲金、以硃砂逼水銀爲火者，不求道者也。然則金火者，的是何物？余不避譴，一爲道破。

此金本壬水所生，此火本乙木所生；此金有氣無質，此火有質無氣；此金屬庚，此火屬丁；此金逆生，此火順生；此金借火質凝形，此火借金氣成體。古云：「庚無乙木終爲幻，丁遇壬時盡化真。」「水銀烹金精」，此金火也；「硃砂鍊陽氣」，此金火也；「鉛爲池沼砂栽藕」，此金火也；「銀作園林汞結瓜」，此金火也；「瓜熟聯聯尋敗葉，藕生簇簇覓殘花」，無不是金火也。須知庚無辛不立，所以必借辛爲鼎；壬無癸難生，所以必假癸爲池。噫！灰池鐵鼎，普世皆知；癸池辛鼎，無人道及。無怪乎其百舉千敗，徒然丹經之誤人也。有緣者，但悟得辛鼎癸池之旨，而庚金壬水乙木丁火之義，亦可以自得之矣。

我度法藏附集

詠美金花十絕

於粵省禺山草堂以補我度法藏之所未道者。

這朶金花實實奇，又無根葉又無枝。濃香不許人偷竊，故把黃顔隱黑池。

金花家住老山坵，今徙黑河白玉洲。不記春秋冬夏日，真陽一到妙香浮。

仙翁强號美金花，只爲無娘亂叫爺。若肯分明真個説，早生白雪與黃芽。

金花今古本無名，不是尋常草木生。識得根苗解折取，人間天上鬼神驚。

丹家個個説金花，個個丹家不識他。不是元關真面目，只因日落月偏斜。

要採金花實不難，丁公俏進畫闌干。試言黃粟何滋味，不苦不甜更不酸。

陳攖寧頂批

非火非土非木，乃金水耳。

霞光五彩罩金花，便覺氤氳氣味奢。速整花籃勤撿摘，攜歸玉闕作瓊茶。一朵金花已出窩，亦無風浪亦無波。太空結舊長生藥，從此安閒快活多。認得金花大事過，灰霜八石莫搓摩。仙翁的旨無奇物，萬卷丹經總是他。

鍊黄母西江月

癸三辛一爲主，到池潔白陽生。池池九九一般春，就裏抽添妙蘊。鉛遇癸生急採，忙將外藥施行。丹衣嚴扣密層層，自有金精相應。

死砂返晥西江月

砂死返晥容易，飛仙池内安居。周天神火鍊神奇，冷見一團今氣。再去吞金進火，自成紫赤金泥。此是長生寶匱兒，今日丹基立地。

爐火後跋

嗟乎！金丹玄矣妙矣！九還七返，仗銀鉛而翻騰；萬户千門，憑砂汞以變化。入室用功，須要小心謹慎；臨爐下手，便當慮險防危。銀鉛共鍊，全憑玉池之功；砂汞同烹，實假金鼎之力。鉛中癸水，借曉火以燒乾；銀内陰精，賴陽金而戰退。築基起手，造土爲先；砂汞成真，超脱爲最。陰烹陽鍊，恐氣濁而難清；沐浴傳神，因藥嫩而再養。寒聲玉漏，滴砂汞之陰符；排火周天，長銀曉之陽火。靈砂米砂，須用烹而入匱；軟汞脆汞，要見母而成真。一超一脱，方臻聖域；再配再養，點化無窮。六子生煙，爲乾完而化姤；三兒返魄，因坤滿而成雷。玄微火候，折易數以分明；採藥真機，看蟾光而了悟。取坎填離，真丹門之匠手；抽鉛添汞，實鍊士之高才。未曾入室，先考五行生尅之機；將欲臨爐，當究兩儀顛倒之妙。丹經子書，可熟讀而再看；玄關妙訣，必訪友以重宣。輕浮雲之富貴，重點石之玄元。草草荒談，真機已露。進道不易，故再叮嚀。得之者宜隱宜傳，授之者宜慎宜懼。竇之致祥，妄之致殃。是跋。

雲中夢覺子孫龍　著　陳攖寧　抄

法藏全書提要

題記

此書抄在我度法藏之後，由他人鈔本轉抄而來。

一九五五年六月二日攖寧記

序一

此書諸法詳盡，不作隱語，與俗傳他本不同。觀其自序，有「不敢避譴，但願舉世成道」之語，可知濟世婆心爲功不淺。余留心此道幾二十年，得此如玉函秘笈，謹錄而藏之。孫子字一卿，故明萬曆間人。**攖寧按** 孫之自序，此鈔本上未見。

雍正甲寅秋七月既望六十老人浣心陸子識於燕山旅館

序二

滬城侯家浜口舊貨攤比比皆是，間有兼營舊書者，予過輒瞥視之。一日購二鈔本，均符籙祝念之文。臨別，攤販側身遥指曰：「朱道士家有古籍鈔本綦夥，君若喜之，明後日枉道來選購。」歸與姚子雲摶言及。隔數日，姚子忽欣以此鈔本交閲，蓋同嗜擇善，已先攫得之矣。鈔本蟫蛀頗多，末二頁上角已腐蝕，卷首有小識數行如前。夫浣心陸子已不可知，朱道士則已死，子孫貧至售遺書，則予之鈔寫此書亦將見其徒勞耳。若視作玉函秘笈，姑俟諸異日。

中華民國三十四年六月一日董悉康識

法藏全書提要

雲中夢覺子孫龍　著

陳攖寧頂批　此書當與金火直指、我度法藏同觀。蓋三書之理論、方法是一樣，而文字之詳略不同，正可互相補正耳。

制鉛法

出山真鉛難得。凡鉛經火幾次，煎出白銀，洩盡先天乾金之氣，只得以同類之物補其真炁。先取門檻鉛傾成薄片，剪如掌大。以無名異不拘多少，内含紫青色者爲佳，亦名「土精」，乃日月雨露精華所結，取爲末。層土層鉛，鋪火盆中，約三五十斤，上用盆蓋。上下周圍糠火七八斗，再以灰蓋之。於空室内煅三日夜。冷定取出，鉛形如漆，内含五彩，可堪制砂。書云：「若要鉛靈，須憑火制。」

制銀法

出山真銀亦難得。往往制伏砂汞未能大成，不得已用前制鉛半斤，凡銀八兩，共入白玉池中，如法煎錬。九陽數足，癸盡壬真，三開三合，急採先天。以外藥真精投入母内，後天包裹，儼如有孕。退火冷出，倒池退符，排火養一周天，冷出，心如金橘而裹金砂，面如絳桃而醉絳日。書云：「鉛中癸水憑火燒乾，銀中陰精仗鉛戰退，九九功完兑金自肅。」

凡我同志，切須留心此篇要旨，全在細觀池中景象，採取先天真一之炁。如新月初生，陽光欲萌之時，急以外藥投入母胎之中，乃採藥之火候也。外藥乃個中之物，謂之「天魂」，名爲「父精」，非雜類也。

制砂法

砂者，南離之火，外陽而内陰，木火同宫，内含真汞，號曰「天魂」。蓋砂有飛走之患，鉛有制服之力，木逢金而即尅，火遇水而無煙，銀鉛砂汞互相尅制，水火既濟，金木通靈，會合中宫而成真土。

制法先以黑鉛種入聖灰池中，煎至癸盡壬生，鉛盡金花現，急以硃砂種上。須看池内月出庚方，金花初現，以紅入黑，取坎填離，片晌之間，聚魂凝魄，二候得藥，四候温養，金木交併，水火既濟，結成黍珠，返本還元而産真土，真土産金，號曰「舍利」，作丹房之梯階，爲點化之靈母。經云「聖人無別藥，一味水中金」，乃真金也。

制汞法

汞者，震木也，號曰「青龍」，伏之能變化，不伏能飛能走，無物可制，所畏者水中之虎，所懼者坎中之金。

制法以汞投入池中，重樓疊疊，封固嚴密，三方一底，薰蒸三周，陽文陰武，抽去汞中陰癸，盜出坎中陽金。升而上者，名曰「聖汞」；沉而下者，名曰「聖胎」。沉者能補砂中不足之神，升者能去砂中紅垢之燄。經云：「若要母來生後嗣，須將子去奪先天。」又有辛金之鼎，傳庚金之祖氣，以傳金之汞助砂之神，如法升出英華轉制凡砂，亦名「過度」。砂之流燄賴此而息，離之真火賴此而靈，乃還丹之要法，玄門之樞機，學者味之。

金精陽炁論

金精者，鉛中之精；陽炁者，砂之陽：即金火二物也。世人常言：「水銀烹金精，硃砂鍊陽炁。」又云：「一串話頭，此二句分解不清，終是渾語。」以予論之，金精、陽炁乃兩般做手，是一樣的稱呼。知者大丹可造，不知者如隔千山也。

夫水銀者，乃黑鉛中之銀，名「真水銀」也。先天之真炁，無質無形之物，故以後天辛金爲鼎，招攝於中，鍊白返赤，化爲黃酥，名曰「水銀煎金精」，乃庚金而鍊辛金也。無形而住於有形，同類自相親耳。

硃砂鍊陽炁者，人都渾語，教人何處下手？金精既明，將制過靈汞同烹金精之母會合一家，昇出金汞，配玄元火，與硃砂入鼎共烹三日，砂脱紅垢，内添汞髓，豈不是「硃砂鍊陽炁」乎？

造土製匱築基起手要法

土爲萬物之本。斯土無形，乃元始先天之祖炁，萬劫不壞之元神。修丹之士，先求此土。若無此土，造丹無地。

法用出山鉛不拘多少，如法制成聖土，配以聖灰，安立先天後天兩弦真種，成踵息仙池數個，又以鉛澆淋堅厚如鐵，以產真土。池成鼎備，方可臨爐。以制鉛四斤，微火上灼，漸漸通明，池中真炁初生，此是他家消息。撥炭離爐，以離配坎，將紅入黑，片晌結就金胎。温養三周，又行金精陽炁之方，抽出砂中陰癸，添進砂中之金精。又栽又烹，三三九數，方得純乾。再配金鉛金鼎，乳哺不足之神，進火退符，氣足胎完，清真老死，體如生鐵，封入三叠爐中。金母鼎内，文烹武鍊，返爲一塊紫金之硫，一名「真母」，實稱「乾父」，又爲「寶匱」。斯土成，丹基已立，大丹由此而進矣。

造二土先天祖匱式

夫二土者，即戊、己是也。法取九陽鍊母金鉛九兩，配前清真硫九兩封停爲末。先以金晥二兩入礶，打通天武火三香，又進金晥二兩，再打三香。如此九次，次次進神火二錢四分，俱爲一家，方得如粉如塵，名爲「祖匱」。凡接砂栽汞，次次歸祖匱養火，方得神靈氣足，而無返還之弊。

養砂誕子法

取生龍砂四兩，光明紫色者佳，入先天二土祖匱一斤，層層間隔，温養小火，先文後武。其火以香滅鼎黄爲度。養七日冷定，開取出，入生汞烹煮三日，其砂青色。再歸祖匱養七日，又入傳金汞中烹三日取出。其砂約有八分死，方用黄母四抱一，乳養三七，燒試無燄方好。否則再乳至實死，又入黄母金汞鼎中烹三日。仗此金火徹盡凡塵，止存一味清真晥，仍歸祖匱養七日而進陽火、退陰符，方敢超脱過關而生後嗣也。祖匱取出，如法虚養，接至四斤頭子，方行超脱之功。四十五日養一次，共一百八十日始全頭子四斤也。依法超接，可生二子。

超脱法

超者，超出汞中之陰，鍊去陰癸，生熟相制，而超凡入聖也； 脱者，脱出砂身之皮，抽去濁氣，煅鍊純陽而爲天𪉄也。 故曰：「汞死必超，超則不止於水火； 砂死必脱，脱則不止於去皮。」

「不止」二字，人多不解。 蓋砂雖死，胎銀尚嫩，故有六七煎之病。 如果實死，則砂皮有二煎，砂有八煎，分毫不折，方稱足色。 如少分毫，未足爲奇。 故言超脱之法要二物老死清真，方行栽接。 栽接之法，必須進真神火固體，仍歸祖匱温養，如前進火退符，復用黄母薰養三周，又行寒聲玉漏、周天符火。 砂老死方敢超脱，以全超神之功。 故言「不止」二字。

過三關分剛決

砂皮約有一斤，子銀亦有三斤。 將硫皮研末，乳汁爲丸，金箔爲衣，子銀砍碎，同黄母三家相見，乳養一七，名曰「傳神」。

將天𪉄摘出，虚養三周，將子銀入硬池中，以鍊母、金鉛對停蓋之，密鍊六時。 此是子銀初過陽關，即是鉛火緊關也。

子銀陰柔之氣方退，池中金氣足以添魂，又將子銀入𪉄珠池封固，上水下火，薰鍊一周，冷出形如淡金。此爲中關金火生真也。

又將此子銀，同前𣈆皮封入飛仙池內，煅鍊六時，冷出，其子銀剛脆，渾如赤金，天𣈆亦如火棗。二物歸真，兩家成聖。如法烹鍊、進火，返成金粉，而生後嗣也。

接二子法

頭子名「老天𣈆」，即頭子之砂皮也。進神火養三次，水火烹成紫粉，與生龍砂穿衣。法以子銀作母，進生砂一斤，養七日，摘入二土匱另養。子銀匱內，又進生砂半斤，養七日，又摘出入二土匱養。如此七次，共得熟砂四斤。再虛養七日，又用金汞烹三日，又入祖匱養七日，又烹三日，其粉纔得清真，方見黄母，乳養七日，冷定取出，照前超脱過關返粉，復生三子。凡乳過砂汞之黄母，内有靈氣在腹，不可費了，以候還元復真，銀𣈆亦虛養聽補别用。

接三子法

將二子𣈆皮子銀照前一樣過關，次方進火返粉。連接七次，養成熟砂四斤，仍用寒聲玉漏，退盡陰符，方行還元復真之法。還元者何？復真者何？蓋因初胎之子靈氣奔入母腹，母之濁氣傳入子胎，互相吞盜，不以體之侵損，而以氣之轉換。世人不知吞盜之義，但以不折爲妙，豈知子母有互相呑盜之由？故聖人留還原復真分剛決之法。其法將乳哺之母入鼎，一火平坐，候鼎自紅，母化鼎底，方將三子靈砂投於母上封鼎，上水下火，火至鼎腰，之候一時，勿使母化，使子之濁氣歸於母，故曰「還元」。母之靈氣歸於子，故曰「復真」。金丹若無此法，難得超凡入聖也。冷開，三子光明，騰輝赫奕，取一錢開缺一兩試之，不可妄費，號曰「靈田」。進火番粉，不必超脱，三進三養成粉，作匱而養四子照前四兩接至四斤。四子三進三養，返粉作匱而生五子照前四兩接至四斤。五子法同上，照前四兩七次共接四斤，七次次次歸祖，切勿相混。務要明白虛養宗派分明，大丹可望。

六子返還訣

丹砂養至六子，若進生砂，則有返還之病。返還者何也？經云：「物極則返，理之自然。」如純乾之卦，爻滿六陽，一陰生焉。故至此六轉砂汞皆復活。將前鍊過金母金鉛作匱，虛養六子三七，冷開，三進三養，返粉而生七子。七子生八子，八子生九子，九子俱照前四兩接至四斤，歸祖養過，三進三養，返粉接續而伏八石，以點五金。進者，進神火也。

伏八石法

初子養過二子，將初子虛養七日而伏白砒，四抱一，養三七，砒死而養粉霜，霜死而可點缺，一錢開之，以助丹本。

二子虛養七日而伏硫黃，晥皮爲内匱，子銀爲外匱，四抱一，養三七，硫死，三分伏汞二兩，汞能開缺。

三子亦虛養七日，而伏雄黃，四抱一，養二七，雄死而點紅成白，點白成黃。

四子可伏雌黃，四抱一，養二七，雌死可點五金成黃金。

五子伏硇砂，抱養同上，硇死可點缺成寶。

六子伏石黃，抱養同上，黃死點鐵成寶。

七子四抱一，可伏八石，鈎金縮貨，點銅開鐵，而皆歸真。

八石可作八寶匱，而伏砂汞點化五金也。

重言子母

真母者，砂也。汞自砂中產出，其爲子母明矣。若要死汞，必先死砂。死砂之法，必賴鉛金。以鉛爲父，以砂爲母，鉛坎砂離相交，鉛精洩於砂腹，結成聖胎，仗金母而伏炁，三番九次，烹就純陽，體如黑漆，脱胎分鼎由此而始也。

論池鼎

鍊母之法，先明池鼎。池鼎不明，丹道遠矣。夫鼎有內有外。外者，磁鼎、鐵鼎是也； 內鼎者，白金、黃金是也。世人常言白金爲母氣，而不言爲鼎器，此當言母而不言母，此處有闕文故有耗財之患。況先天真一之炁，若無白金之鼎，安肯住於等閒雜物中哉？其法以白金八兩，配法鉛半斤，入混元池逍遥爐內，九陽數足，癸盡壬真，得太乙含真之象，投以外藥，化爲黃酥，能乳後天砂汞成真，其體不傷，豈非鍊後天而招先天之鼎器哉？然識此鼎，必假盆池。池有數種，有灰池，有硬池，有飛仙池，有踵息池，有晄珠池。

灰池者，乃煎銀洗母騰鉛之池； 硬池者，乃追陰退符、安金益水、凝神之池； 飛仙池者，乃鍊氣化神之池； 踵息池者，乃鍊精化炁、招攝先天純一之精池也； 晄珠池，乃嬰兒過關分剛決鍊氣之池也。

踵息之池，人所未知。先用洗鉛之底爲末，以水飛過，用四斤，加生砂末四兩，入鍋大火炒一日，取起入鑵封固，打火抽去油汞，再爲末，配炭火三碗，以水潤濕，築於硬池之中，晒乾成池，深五分，濶二寸，仍入灰盆之中，上架炭，如煎銀之狀。以鉛一斤，分作十六銖，每一銖入匱煎盡，又投一銖。如此煎盡十六兩，以足斤數。經云「先種凡鉛入土池，土池真烝有誰知」，又云「西地未榮東地木，南園先種北園瓜」是也。

硬池者，用土五、磁四、缸砂一所成者也。土即紫土，磁即磁粉，砂乃缸片搗碎、萬鍊不化之砂也。三味各爲末，以升量配對，水和入碓，搗千餘下，築成池，晒乾，入灰缸，金粟火煨三日，其聲叮噹鳴響。

晥珠池，即養過砂汞之天晥與鍊母金鉛平對，築於硬池之中，上造土蓋一個。凡脫胎之子銀，必須過此池中，上水下火，薰蒸一日，能使陽長陰消也。經云：「真烝薰蒸頂上來，嬰兒立時乾在釜。」又云：「砂不脫胎，到底終成拙子；汞不分剛，到頭終是頑兒。」分剛決亦在此池。

飛仙池與硬池無異，但有蓋耳。

制天晥法

天晥有清有濁。轉制番騰，直至清真絳紫色黃，方可提靈返粉，養砂乾汞，如脫胎之砂皮，名爲「河車聖母」。初時脫殼，畢竟不清不靈，欲要通靈，全在金火。既得金火之氣，又要生熟相制，將此河車聖母同子銀以黃母乳養一七，名爲「補氣」。日足摘出天晥，虛養一七。子銀與鍊母金粉平對入踵息池，池底先鋪炭灰一寸厚，次下子銀，上以金鉛蓋住，密鍊六時。子銀過此池，名爲「鉛火緊關」，其陰柔之氣方退，而無返還之病。又將子銀封入晼珠池內，上水下火，薰蒸一日，冷出，形如淡金，此爲中關金火通靈也。又將子銀同前河車天晼入飛仙池中，密鍊六時，冷定取出，子銀渾如赤金，天晼亦如火棗，二物歸真成聖。經云：「大都二物精神老，能使貧家作富家。」二物如法接制，名爲「玉田金谷」。此三關要訣，匪人莫傳。

西江月三首

死砂返晼容易，磁盒池內安居。通天神火煅神奇，冷出一團酥氣。再去吞金進火，變成紫赤金泥。從斯造化入丹基，號曰長生寶匱。此首在我度法藏書中標題爲死砂返晼。第二句作「飛仙池內安居」。

癸三辛一爲主，倒池潔白陽生。池池相似一般形，就裏抽添妙應。鉛遇癸生急採，忙將外藥施行。寒爐取出體如金，神火煅成紫粉。此首在我度法藏書中標題爲鍊黃母。末二句亦不同。

數載飄蓬未遇，今朝頓悟玄微。水銀一味洩天機，制伏枯如粉膩。配合玄元神火，陰陽交感成圭。兩無一有少人知，妙哉陽光寄體。

天晄接砂汞法

天晄一兩，接生砂一兩，入金鼎養一周，鼎色紫紅爲度。次日連鼎打三香，用文火，冷出，入磁鼎三香，抽去油汞，冷開。再進生砂二兩，平對，照前入金鼎養一周，打三香，又入磁鼎，抽去油汞，冷開。再進生砂四兩平對，照前入金鼎養打，又入磁鼎抽汞，方入晄珠池，用金母水火薰蒸三周，摘出虛養一周，寒聲玉漏，滴盡陰符。取出，入飛仙池，加硼封固，獨鍊一伏時，即六時也。取出，每兩進生砂一錢、磠砂三分，共爲末，打三香，冷取夾碎，每兩加生黃晄一錢穿衣，金箔爲外衣，入罐養一夜，打三香。如此三進三養，直至赤紫成虛靈之粉，名爲「金晄寶匱」，任養砂汞。

接汞之時，將分剛决子銀一兩，進生砂三錢，入鼎三養三打，冷取夾碎，生黃晄爲衣，金箔爲外衣，封入晄珠池中，水火薰養一七，又入鼎，打三香，又同黃母金鉛三家相見，乳養五日。復入踵息池，薰蒸六時。再入飛仙池，老鍊一日。如此接出一二斤。如欲返粉作匱，須過三關，碎如米大，每兩進神火二錢爲衣，金箔爲外衣，入金火鼎中，養一周，鍊一周。如此三進三養，三打，返成紫金膩粉，每錢作二次下，開夬二兩，待紅煙盡成寶。此粉或養砂汞，或伏八石，任意施爲。如返白雪，將死汞一兩，神火一錢爲衣，用山東火坑洞内𪉑珠取白雪五分，固汞身，入罐養一周，打三香。如此五次，返成白雪膩粉，任養砂汞，以伏八石、化五金。

金火論

金火乃丹家之至寶。若知「金」「火」二字，方可下手，一舉而成。有以鉛爲金、以砂皮爲火者，非也。蓋金自水中生，乃玄天之水銀也。天地五行，賴之以生，至神至寶，難以捉縛。故聖人以白金爲鼎，運水行火，招攝於鼎中，鍊至九陽，凝結金鼎之中。金内生火，化爲黄液，□伏後天之藥物，砂汞聞氣而死。至人鍊此金火，轉制天𪉑，制砂制汞，名曰「水銀烹金精」之法。

又有以汞投鉛，傳出鉛中之金，而烹砂制𪉑者。殊不知鉛中之金乃爲庚金，而辛金不在其内。經云：「銀鉛骨肉，何可失也！」

又有以砂皮取火，非也。砂中之火，乃黄𪉑也，實砂中之靈英，亦後天有形無質之物。將此物制砂制汞，乃生熟相制耳。蓋丹道全憑真火，經云「真火無位，遇物而現」，非有形之物也。

金丹問答

陳攖寧頂批 此書較師正百法書上多出九條，其餘雖大概相同，而字句詳略互異，必須將二書合而觀之。

問：「有言水鉛制砂者，有言枯鉛制砂者，有言水鉛有陰者，有言枯鉛無用者，不知誰是誰非？」

答：「水鉛、枯鉛各有巧妙，只要不累鉛形，超得清白，不拘何鉛，皆可起手。」

問：「有栽砂於鉛面者，有栽砂於鉛腹者，何也？」

答：「栽面上者，止倒得砂皮，真氣飛盡，若能固得形，折得少每斤砂上得三兩二錢，要癸水清白，退得癸水清白，亦可用。」

問：「鉛入砂中，如油入面，安能得出？」

答：「火功若到，造化自生，砂死鉛出，生熟相制，進火呑金，九陽功畢，亦可養砂乾汞。」

問：「養砂於水鉛腹者何如？」

答：「此法與諸家不同，第一清真之極耳，又合聖經。金火篇云：『但將坎水滓離[illegible]，自有天魂制水金。』陳自得詩云：『鉛爲池沼砂栽藕。』皆是水鉛起手，易超易脱。陳攖寧頂批 師正百法上有一問題，此處漏去。蒲團子按 師正百法此處有「栽出就養，還有制法否」一問。凡栽出之砂，必有硃汞傳金於內生汞同木汞一錢，裝入鼎烹。每砂一兩，進火一錢，用傳金硃汞烹之，徹出砂中濁氣，止存一味清真。三日陽爐冷出，其砂約有三分實死，紅[illegible]去盡，裹外透青，方入金鉛寶匱養一七。又有神火，再入金汞烹陳攖寧註 與黄酥三日，取出金母乳二七，其砂實死，一分若住八鼇，方可見母。若胎銀太老，不受乳也。陳攖寧註 一切死砂，燒試八呈，方可見母。色足即老，不受乳哺。嫩則侵盜之患，不可不知。」

問：「有言生汞烹砂，有言用銀度汞烹砂，何者爲是？」

答：「如烹靈砂，即以鍊母老鉛度汞烹之，徹去砂中濁氣，止留一味清真。如箭頭豆瓣生砂，必以銀度汞烹之，方得紅垢盡脱，[illegible][illegible]盡去也。」

問：「砂至九轉盡要烹之，還是只烹幾轉即止？」陳攖寧頂批 師正無此一條。

答：「築基起手者可烹，餘不可也。以後各轉，皆用生砂耳。」

問：「砂烹幾次？」

答：「初養之砂，以鉛度汞烹之。砂養出匱，則以生汞烹之，恐砂盜匱中之濁氣耳。烹後方可見母，乳養足色，仍以黃母度汞烹三日，方得清真。」

問：「砂既死，如何又烹？」

答：「砂死燒試七八鳌，則有二三鳌未死。但一成未死，則盜母氣一成，雖子銀不折，乃子氣死於母腹，母氣育於子胎，恐氣混濁，難以栽接，故用法烹之，使其清真。雖後來有還元復真之法，若本原不清，後來易倒難接。」

問：「均一接也，如何又有陽烹陰烹之說？」

答：「陰烹者，汞煮硫衣； 陽烹者，鉛溶砂胎。 經曰：『丹砂不溶終無藥，神水施爲豈離胎。』」

問：「又有將天硫成一餅，懸於罐中，下安生砂，底火薰出砂中黃硫，去砂將天硫入罐虛養一夜，何也？」

答：「此法是暗進神火通靈之要。 如此三進，又以銀鉛上以鐵簾架起薰蒸，採金氣一次，還復直至成粉，任養砂汞。」

問：「亦有天硫乾汞，每兩只有七八煎，不能足色者，何也？」陳攖寧頂批：師正無此條。

答：「因人貪多，以八兩而乾四兩，故力不足也。 可將天硫八兩砍作大塊，入汞一兩，同入鼎中，明爐小火薰三日，此汞實死，硫亦不傷，取出過關此打火，非過三關也。仍將此汞安鼎底，上安其硫，照前澆汞一兩，明爐薰三日，又過關。如此八次，乾汞八兩，照前分剛決，返粉養砂。」

問：「罐中亦能乾汞乎？」陳攖寧頂批 師正問題與此不同。

答：「將硫八兩，化作二餅，投汞於中，三升三降，共打一日，汞死硫上，冷取分出，將硫打一火，照前再接。」

問：「有天硫養砂到底者，有子銀養砂到底者，未知孰是？」

答：「以硫制硫者，可也；以子銀養砂，不可也，恐子銀吞盜金母之氣。故以硫伏硫，取其清真，用子銀點化尤速。只要不沾鉛氣，只是以硫伏硫，自躋聖地。」

問：「有黃硫乾汞點茆尤速，如何死得黃硫？」

答：「必須以靈育靈，以聖育聖，方可。若無清真硫皮，畢竟難成。法取紫金硫鑄成神室，伏養黃硫，硫復養硫，則點化易矣。經曰：『硫伏硫兮硫伏硫，硫擒砂死作丹頭。』」

問：「有將汞銀八兩，配活汞四兩、硃砂四兩、神火四錢，入鼎封固，養火何如？」

答：「此乃鉛汞相制之義。死汞爲鉛，生砂爲汞，神火爲土，生汞爲黃婆，五行四象全備，砂死爲銀。經云：『神仙爐養白硃砂，天下燒丹第一家。』」

問：「有銀中用鉛汞一二而成者，又有砂汞匱中用母氣一二而成者，何也？」

答：「四象不全，故稱攢簇。只養砂成寶，畢竟盜母氣一二，終是辛金，須掛銅煎銷，方得成寶。」

問：「如此砂可接乎？」

答：「脱出睆皮，可用勿用，子銀將睆皮進火吞金，生熟相制，自然可接，亦能點化。」

問：「天睆盜凡母於内，千方百計不得出，若煎去凡銀，又混了睆珠，可惜，奈何？」

答：「睆與銀原不相親，俱是陰體。只因先天真汞難以招攝，故借銀爲鼎，以取先天真汞而制伏天睆。睆見母相吞相盜。睆生母弱，母無真汞，故有相吞之患。必須將睆入銀鉛池中，薰蒸實死，復行煅鍊，自然分出。經云：『菓生枝上終期熟，子在胞中豈有殊。』」

問：「有將鍊出清真紫金睆作匱是第一藥也，如何又將黄母八兩、生砂半斤共入磁鼎，水火昇出清藥，加入睆内，何也？」

答：「『鉛精汞髓先天汞，加入睆中秘莫傳。』從來神仙不傳之秘，雖有金睆萬斛，若無此藥加入，畢竟難躋聖地，則前功盡廢也。此法名爲『黄婆』，又爲『補氣』，又爲『提靈返粉』，又爲『明進金火』。」

問：「曾聞有『金英』『玉蕋』之稱，何也？」陳攖寧頂批　師正無。

答：「以其非等閒之物，乃至靈至聖之妙藥也。夫金英者，乃各轉天晥積至數斤，用九陽金母乳養二七，鍊成一餠。先造土釜一個，上下四圍以追金藥塗之，將晥餠懸於中，勿令沾釜，以金箔貼之，以赤石脂煅過封口中，鐵絲紮緊，下灰缸，上下四旁，每方四兩，養七七，冷開。其晥吐出金英，乃萬劫不壞之元神，形如刺蝟，金光射日，約重八錢。輕輕採下盛小磁盒封固，三方微火温養。將晥如前再養再取，採至二兩，此名『神希之火』，亦名『神符』，亦名『黄轝』，亦名『黄芽』，亦名『天魂』，亦名『金圭』，亦爲『龍之弦炁』。」

問：「玉蕋之法如何取之？」陳攖寧頂批　師正無。

答：「此乃各轉分過子銀剛決者，八兩，化作一餠，亦用土釜盛活汞一兩，子銀架於其中，如前封固，灰缸上下四旁各半斤火養七日，其子銀上下皆生瓊霜，約重八錢，輕輕採下，亦以磁盒盛封，再進汞養取，採至二兩，此名『玉蕋』，亦名『陽丹』，亦名『玉芝』，亦名『白雪』，亦名『地魄』，亦名『虎之弦炁』。對配金英，研作一家，以天晥鑄一神室，形如雞子，口蓋完備，入藥封固，三方一頂，每方火一兩，温養三周，名曰『金火交結』。冷取，配白虎首經非此物何以爲神，即紅鉛也，去垢除腥，約重八錢，同此二物研勻。取光明箭頭辰砂三顆，每顆重一錢者，以香湯沐浴，金箔爲衣，金英玉蕋作匱，入神室，三方一頂火温養一日取出，其砂如赤紫金，仍入磁盒，上水下火，漏滴三朝，退盡陰符，冷取，形如紫金，霞光萬道，名爲至藥，稱爲『牟尼金砂』，亦名『舍利子』，亦名『金剛子』，又曰『銀種子』。可取汞三五斤入鍋内，上加水一掌厚，此砂投於汞上，鍋底發火，水乾汞死，其金砂之元神不壞。再養再乾，無有盡期，汞亦開點，任從變化。」

問：「戊土者，鉛精也，何法取之？」**陳攖寧頂批** 師正無。

答：「取法不同，有以鉛汞入罐，火打一周天而取之者； 有鉛倍於汞，對罐相接，紙筒封底而取者； 有少加砂配火，不須用鼎，以銀入硬池封鍊，製蓬壺而取者。 法雖有三，惟燒之不住爲上，既呼『黄晥』，名爲『外藥真精』。」

問：「丹家萬藥無成，只是少真土一味，況造真土之法又爲仙師所秘，今敬求口訣。」

答：「若將坎離顛倒，懷胎之母**陳攖寧註** 天晥真母也，栽烹與薰，返返復復，九陽數終，須清真老死爲紫金之晥，名曰『真土』。」

問：「法有不同乎？」

答：「『硬池九次驅晥液，只是砂皮母上栽。』書曰『太陽移在月明中』，此其候也。 鉛**陳攖寧註** 天晥也砍作三五錢大塊，急急投之，一白即投，豈先包砂殼？ 篋圈套住，用線十字紫好，一白即投，即以土蓋蓋之，復以温灰罩之，冷出，子母各分，燒之不折，則再煎一次，是造真土訣也。」

問：「真土中母，有分法乎？」

答：「金鼎陳攖寧註 銀天晼半斤，砍碎，好砂半斤拌勻，入對口礶，大火橫抽，流汞已盡，砂約三斤，可與金鼎對停入礶，連打數火。每次用二香，如前母上栽種，復以金鼎四抱一，養七日或五日，加硼老鍊分出，吐母不拘多少。又鍊又分，吐盡爲度。此是盜盡又不盜也。」

問：「如分不盡，更有何法？」

答：「造新池一個，安鍊九陽真母在內，大火五香，五彩盤旋，霞光萬道，急將吐母未盡之真土投入池中，以化過之熟硼厚厚蓋之，鍊三香退火，照前，功滿成就。」

問：「造真土之法果盡此而不秘乎？」

答：「無隱。但以土晼炒窑心土匱養七日，或炒無名異匱之，其銀吐出如絲，做到純紫盡也。若非清真，難到聖地。若養砂煎寶濟貧，何必吐盡？」

問：「黃母如何鍊？」

答：「九鍊九投真精，八養八礶元神，昇出所投之外藥也。直到第九池，依舊復投入，取其藥之靈氣鍊成黃酥也。」

問：「外藥好飛走，安能即入？」

答：「薄竹紙攤於下，極細枯金攤於上，三開三合之際，急急投入，先天後天齊交會，陰金陽金老嫩得宜，兔不走，烏不飛矣。」

問：「何爲八養？」

答：「鍊一池，養一晝夜，入罐水火昇打一火，不拘有無多少，取出以爲九池之用。九陽之法，盡在於是。」

問：「聞鍊黃酥九九八十一池，如何九池便止？」陳攖寧頂批 師正無。

答：「九池者，九陽母也。若八十一池終，則形成金粟，砂汞聞氣而死，何『母』之云？今人欲求速效，得九陽足矣，何必八十一池耶？」

問：「鍊九之砂，子可點乎？」陳攖寧頂批 師正無。

答：「用礶一分，抽出精藥，不拘多少，便可開點成寶，熟砂依舊煎銀。若到栽接清真之地，自然點化無休歇耳。」

問：「真土於踵息池中止得砂皮，敬鬥命矣。今栽在鉛中者，更有神氣。以何器皿栽之？」

答：「火傾銀罐可也。栽砂於鉛腹法。着制鉛六斤，次次抽添，而用書紙包裹，外圍無名異，投入鉛汁中，冷定，復鎔。如此三番，方得氣全。聖胎結全，大有奇功。」

問：「靈田三子進火成粉，不必超脱，復養四子，還要吞金進火否？」

答：「到此地位，渾如一團真炁，何必吞金進火？欲行欲止，憑此施爲。」

問：「超脱之外，無復有他法耶？」**陳攖寧頂批** 師正無。

答：「砂死必脱，必假木汞分理陰陽，斯言盡矣。仍去其汞，再資乳哺，夫復何言？」

問：「如天硫養過砂，乾過汞，則硫無力，將何法補之？」**陳攖寧頂批** 師正無。

答：「以祖匱同硫對配爲末，研作一家，養火三日，將硼一化，分去金鉛，將硫仍配黃母入飛仙池中，大火烹鍊六時，冷定一夜，取硫進火，返爲紫粉，照前通靈而變化也。」

附錄丹方

由法藏全書提要鈔本轉錄。

雄硫丹頭

用母一兩，雄三錢，硫四錢，共爲末。將有氣的鉛二兩剪碎，陸續投鍊，淨如金色。剪碎拌勻，層層間隔，打火七香，吞金一次，擂碎，拌石硫砂子一錢，養小火九日，入銅罐內鍊，用鐵條捲如絲樣，取出放灰內冷定，破罐摘下母，用砂硫鍊夬一錢。陸續投完。鍊汁大開，傾槽冷定，打去硫皮，先用鉛洗，後用硝打，色白，對母成寶。

獨硫乾汞

用鉛一兩，投母一兩鍊，不必太淨，尚存鉛氣。冷定，剪下三錢，餘作極碎塊，將汞二三兩於熱盆中，火不可太大。俟母化開時，用新布放水盆上，將汞傾入，扭去油汞，布內存一小團，取起存貯。用制過硫二兩，同前母打七香，或九香，火不可太大。其母上面如絲樣，其母重九錢，將制汞對幾錢同鍊火一天，取出放灰內冷定，摘下母，其汞獨成寶，可得八九錢。

□南鉛法

南鉛一兩，炒成粉，和雄黄五錢，或石黄亦可，拌匀，鍋片上焙轉色，再加針砂一兩，□硝三錢，土堿一兩五錢，紫者更好，入銀礶内，明爐武火平計爲度，傾糟，得鉛八錢，自試有驗。

製硫法

土硫一斤，研末，入桐油六兩調匀，裝入耳礶内，不可太滿，上蓋鉄盞，盞底須用泥糊封口，養火三晝夜。第一日火齊口，二日火齊腰，三日火齊下半截，不用底火，亦不用大火。取出，去上面渣滓，用墮底如猪肝色者研末番粉用。

製砒法

生砒一斤，入蕎麥碱四兩，砂鍋内水煮三日夜，俟極乾，入二耳礶内，養三方一頂火一日夜，提出，上地爐打火五香，火齊藥爲度，墜底者收用，昇盞者仍留下打火。

砒過金法

墜底砒二兩，用鉛洗淨母二兩剪碎，和砒層層間隔入礶封固，水盞打火五香，取砒研末作砂蓋藥。

硫番粉法

文母一兩，洗淨入銀礶，將前硫末五錢置礶底後入母，傾俟冷，取起，鐵臼搗碎。如有不碎者再傾，以盡爲度。

打砂法

砂二兩，入生硫八分，同煸黑爲度，研末，入銀粉三錢，拌勻，入鑵底，上蓋砒粉二兩，勻平，鐵盞封固，地爐打埋陰火五香，文三武二。仍將蓋砒輕輕取出，下次還可添用。下面死砂一塊重八九錢或一兩外不等。如上明爐，須先化硼成汁，後入死砂，大火化平汁，取起冷定，研碎，蓋死倭一兩，只用砂五錢，可成八九錢不等。

埋陰火法

地下起一坑，將礶放下齊藥爲度。先打埋陰火三香，提起再打二香。

封口三合土方

白土五錢，細黄泥二錢，白炭灰三錢，每兩用鹽三錢，和水調匀封口。

杏核丹方

用鮮稀薟草一斤，煮硫一兩，其硫將砂裹住，煮至白色，點不着火爲度。每用硫一錢，汞一錢，入核内，如前方燒之。

死硫方

用車前打汁煮硫一伏時，再用豆腐漿煮一伏時，即過明爐不着□矣，可以傾錠。

□死軟倭法

白蘚皮、五加皮、甘草、麻黄各一兩爲末，用淨生桐油八兩、生南倭八兩打碎聽用。先將上四藥入油和成一團，將倭化開投藥攪，去火煙盡爲度。又用整巴豆二兩連殼搗成團，將倭又化開，投入豆，大火滚去豆油，鍊煙盡，倒出成一黑餅，而軟，聽後轉制，俟口授爲妙。

押脆倭法

硇、硼、雌、雄黄及胆凡、硫黄、青鹽、白砒八味等分爲末，用陳醋，三抱一，文火煮乾，又用乾燒酒煮。每藥一兩酒一兩，砂鍋内微火烘乾，入礶封固，用金粟火三兩，頂火養七日取出，又用炭七兩打上降火炷半香，取出。每藥二錢押生倭一兩不折。此後尚有鈎金法一條，闕文太多，法亦太笨，故不録。